GRACIA TRUJILLO BARBADILLO
Profesora de Sociología en la Universidad Complutense de Madrid y activista feminista *queer*. Sus investigaciones giran en torno a los movimientos feminista y LGTBI-*queer*, las epistemologías críticas en educación y el parentesco no cis-heterosexual. Es autora de *Deseo y resistencia. Treinta años de movilización lesbiana en el Estado español, 1977-2007* (Egales, 2008, reeditado en 2021) y coeditora de *Maternidades cuir* (Egales, 2020) y *Queer Epistemologies in Education: Luso-Hispanic Dialogues and Shared Horizons* (Palgrave, 2020), entre otras publicaciones.

Gracia Trujillo

El feminismo *queer* es para todo el mundo

PRIMERA EDICIÓN: ENERO DE 2022
SEGUNDA EDICIÓN: JUNIO DE 2022

DISEÑO DE CUBIERTA: PABLO NANCLARES

© GRACIA TRUJILLO BARBADILLO, 2022

© LOS LIBROS DE LA CATARATA, 2022
FUENCARRAL, 70
28004 MADRID
TEL. 91 532 20 77
WWW.CATARATA.ORG

EL FEMINISMO *QUEER* ES PARA TODO EL MUNDO

ISBN: 978-84-1352-395-8
DEPÓSITO LEGAL: M-2.153-2022
THEMA: JBSF11/JBSJ

IMPRESO POR ARTES GRÁFICAS COYVE

ESTE LIBRO HA SIDO EDITADO PARA SER DISTRIBUIDO. LA INTEN-
CIÓN DE LOS EDITORES ES QUE SEA UTILIZADO LO MÁS AMPLIA-
MENTE POSIBLE, QUE SEAN ADQUIRIDOS ORIGINALES PARA
PERMITIR LA EDICIÓN DE OTROS NUEVOS Y QUE, DE REPRODUCIR
PARTES, SE HAGA CONSTAR EL TÍTULO Y LA AUTORÍA.

A las dos Saras (con y sin hache), Anna y Lea por el tiempo y los paseos que os he robado para escribir este libro.

ÍNDICE

INTRODUCCIÓN. POR QUÉ ESTE LIBRO AHORA 11

CAPÍTULO 1. QUÉ ES *QUEER*, CUIR, KUIR, CUY(R) 15
 Habitar las periferias 20
 La casa de la diferencia 24
 ¿Término 'paraguas'? 28
 Re-sentir 'lo *queer*' 30

CAPÍTULO 2. ACTIVISMOS Y TEORÍAS *QUEER*, Y VICEVERSA 33
 Alianzas más allá de las identidades 36
 Teorías torcidas 40
 Herramientas teóricas 42

CAPÍTULO 3. AMPLIANDO EL SUJETO POLÍTICO DEL FEMINISMO EN LAS CALLES Y LAS TEORÍAS 45
 Ni se nace mujer ni tampoco hay que llegar a serlo: Simone de Beauvoir y Monique Wittig 47
 Adrienne Rich: la heterosexualidad como régimen político 52
 El 'proletariado del feminismo' se pone en pie 56
 Identidades: ficciones políticas y 'hogares' 59

CAPÍTULO 4. PARA RADICALES, NOSOTRAS: LA IMPORTANCIA
DE (RE)CONOCER NUESTRAS GENEALOGÍAS 62
    Echando la vista atrás 63
    Los rebeldes (y difíciles) años setenta y ochenta 65
    'La primera revolución es la supervivencia' 70
    Inspiraciones políticas 71

CAPÍTULO 5. ACTIVISMOS TRANSFEMINISTAS Y CUIR/*QUEER*
EN LA ÚLTIMA DÉCADA 74
    'Aquí está la resistencia trans' 75
    'Somos todas perraflautas' 79
    'Nuestros derechos no son un negocio' 82

CAPÍTULO 6. HAY QUE PONER FIN A LAS *SEX WARS* ACTUALES 84
    Feminismos imparables en las calles 86
    ¿Por qué dicen 'teoría *queer*' cuando quieren decir 'autodeterminación
    de género'? 89
    Denunciar los discursos de odio, retomar el diálogo 91

CAPÍTULO 7. Y 'LO *QUEER*', ¿PARA QUÉ SIRVE?: REFLEXIONES
DESDE Y PARA (AGITAR) EL ÁMBITO EDUCATIVO 96
    Un habitar *queer* del espacio educativo 97
    Mentiras, secretos y silencios en educación 100
    El discurso de 'atención a la diversidad' y sus límites 105
    A vueltas con la visibilidad 109
    Potencialidades y retos de una pedagogía feminista *y queer* (las dos cosas) 112
    Apuntes finales 114

BIBLIOGRAFÍA 119

INTRODUCCIÓN
POR QUÉ ESTE LIBRO AHORA

Gracias a la editorial Los Libros de la Catarata por hacerme la propuesta de escribir este libro, que me ha hecho volver sobre trabajos previos, releer y repensar referencias conocidas, y buscar otras nuevas. ¡Y ordenar mis papeles! Así, entre papeles, me encontré el texto de mi primera "charla" sobre teorías y activismos *queer*, en el Ateneo Obrero de Gijón, en 2004... hace ya la friolera de 17 años. Por mucho que diga la canción, casi 20 años son y dan para mucho; he escrito y hablado sobre estos temas en numerosas ocasiones, en espacios activistas, en su mayoría, pero también académicos. Estas páginas se han beneficiado mucho de todos esos intercambios y, sobre todo, de las conversaciones, debates y mil experiencias vividas con compañeras activistas *queer* y transfeministas desde los noventa hasta hoy. Sin ellas este libro no habría sido posible.

A lo largo de siete capítulos he intentado explicar, de manera breve y asequible, qué es esto de "lo *queer*", cuáles son sus genealogías en nuestro contexto, las herramientas teóricas principales, y los debates actuales con un sector del feminismo que lo considera un "caballo de Troya" dentro del movimiento. En el capítulo que cierra el libro muestro una de las utilidades de "lo *queer*": mirar (y habitar) el ámbito educativo

11

de otra manera a través de lo que se han denominado las "pedagogías *queer*".

He escrito estas páginas pensando en las personas que puedan estar interesadas en estos temas y no hayan tenido el tiempo o los recursos para leer sobre "lo *queer*". También lo he hecho pensando en las compañeras feministas, jóvenes y no tanto, con las que todavía podemos dialogar, que estén dispuestas a leer y conversar sobre nuestras divergencias. Hay mucha gente también que está interesada en "lo *queer*", desde la investigación y/o el activismo, o el público general, y otra que anda perdida en estos debates. Esto último no me extraña: más que debates son, en su mayoría, combates, y así es muy difícil entender nada. En el libro he intentado también incluir referencias que analicen nuestro contexto, que pueden resonarnos más, y también que sean recientes e incluyan los conflictos (graves y con importantes implicaciones) en los que se encuentran un sector del feminismo, el activismo trans*, y "lo *queer*" hoy en día.

Analizo aquí los feminismos *queer*, el transfeminismo, la lucha transmaricabibollo... que son corrientes, grupos, redes, etc., no institucionales, anticapitalistas, de base, autónomas. Cuando pensábamos que los debates sobre "lo *queer*" se habían pasado, la reacción del sector trans-excluyente (TERF, siguiendo las siglas en inglés, *Trans Exclusionary Radical Feminism*) —ironías del destino— y la ultraderecha nos los han traído de vuelta. Hay bastantes malentendidos sobre las teorías y activismos *queer*, algunos de ellos intencionados. Lo *queer* no es un producto neoliberal, no elegimos nuestro sexo/género/identidad así, de buena mañana. Ningún trabajo *queer* dice esto. "Lo *queer*" surgió en la calle, en el contexto de la crisis del SIDA, y es un activismo crítico con el sistema capitalista, el racismo, el clasismo, el sexismo, el capacitismo, etc. Las teorías *queer*, que beben de los activismos (y viceversa), nos han aportado muchas claves para entender cuestiones relativas a los géneros, las sexualidades, identidades y corporalidades, más allá de los binarismos, más fluidas. Se trata, además, de un análisis que incorpora una mirada interseccional, es decir, que tiene en cuenta cómo se entrecruzan el género, la clase, la sexualidad, la edad, la capacidad, la raza, la etnia, el estatus migratorio, etc. Esta perspectiva ha sido clave para, entre otras cosas, cuestionarnos nuestros propios privilegios (de blanquitud, clase, ciudadanía, etc.).

Este libro habla también de la importancia de conocer y valorar nuestros recorridos activistas, nuestras memorias políticas que, entre otras muchas cosas, nos recuerdan las alianzas entre la lucha feminista y la de Lesbianas, Gais, Trans*, Bisexuales, Intersexuales (LGTBI+) y *queer*[1]. Esto es muy relevante ahora, en un contexto en el que algunos sectores parecen más interesados en dividir y confrontar estas luchas, mientras los movimientos anti-derechos y la extrema derecha avanzan a pasos agigantados. Necesitamos reconstruir las alianzas y construir otras nuevas, pensando en objetivos que nos unen más que en identidades. Avanzar juntes en derechos y libertades sin dejar a nadie atrás.

Para finalizar, gracias infinitas a Sara Barrientos Carrasco por su lectura atenta de todo el manuscrito y sus comentarios, que me ayudaron a mejorar el libro, y a Anna Rost y Mónica Redondo por leer los inicios y por sus sugerencias (incluida la del título).

Un apunte sobre este último: mientras terminaba de escribir este libro nos llegó la noticia de la muerte de bell hooks (15 de diciembre de 2021), autora, entre otros trabajos

---

1. Utilizo el asterisco en trans como fórmula inclusiva para referirme a personas transexuales y transgénero. El + al final de las siglas LGTBI es para sumar a todas las identidades no incluidas en las siglas LGTBI, en las que, sin embargo, no incluyo la Q de *queer* ya que el término *queer* no es una identidad, como explico a lo largo del libro.

fundamentales, de *El feminismo es para todo el mundo* (2017). El título de este lo elegí finalmente entre varias opciones como homenaje a esta teórica feminista negra, una de las pioneras del enfoque interseccional, con la que tanto aprendimos y cuyos trabajos tanta fuerza e inspiración nos dieron (su libro *Enseñar a transgredir. La educación como práctica de la libertad*, de reciente traducción al castellano, ha sido uno de mis libros de cabecera durante muchos años, y ahí sigue).

Una aclaración sobre el lenguaje: en este libro he optado por utilizar una de las fórmulas del lenguaje inclusivo: la e, junto con el femenino plural. La elección de la e frente a la x o el asterisco, que he usado hasta ahora en otros textos, se debe a que estos últimos dificultan la lectura de los programas para personas ciegas o con dificultad visual. Por legibilidad y accesibilidad, por tanto, he elegido finalmente la e.

Y un deseo final. Como escribió José Esteban Muñoz en su *Utopía queer* (2020), "lo *queer* es un modo estructurante e inteligente de desear que nos permite ver y sentir más allá del atolladero del presente". Mi deseo *queer* es no seguir oyendo más a mis amigas y gente cercana decir que, a este paso, con tantos conflictos y tan violentos en los feminismos, van a dejar de llamarse feministas. Espero que este libro sirva, en la medida de lo posible, para propiciar el diálogo, tender puentes y reconstruir nuestras redes (y afectos) feministas. Nos va mucho en ello.

CAPÍTULO 1
QUÉ ES *QUEER*, CUIR, KUIR, CUY(R)

"I made the choice to be queer."
GLORIA ANZALDÚA, *Borderlands* (1987)

Antes de que la gente activista se apropiara del término *queer* a mediados de la década de los ochenta (en el contexto de la pandemia del SIDA) para resignificarlo en clave de rabia y revolución, las vidas, las relaciones, las familias *queer*, ya existían. La cuestión es que, para que haya gente "rara", extraña (*queer*), y poder controlarla, tiene que haber otra "no rara" o "normal". Pero ¿quién o quiénes definen qué es "lo normal"? ¿Quiénes adjudican la categoría de "normal" o "natural" a ciertas relaciones y no a otras? ¿No son la normalidad, o lo considerado natural, convenciones sociales? Lo son, y varían según el contexto y el momento histórico; pensemos, por ejemplo, en los modelos familiares o las relaciones afectivas, y todo lo que han evolucionado. Entrecomillo en estas líneas "normal" y "natural" para señalar el extrañamiento de estas categorías, y que son construcciones sociales, es decir, que pueden cambiar. Como venimos diciendo desde hace años en las *manis* del Orgullo Crítico, y el cantante trans* Viruta le ha puesto música, "normal es un programa de mi lavadora".

En mis clases de Sociología suelo utilizar un vídeo de la periodista y activista feminista Irantzu Varela, que se titula así, *Lo normal*. En este vídeo explica, con mucho humor, qué es lo que hoy en día se considera "lo normal" ("lo normal es que los hombres hagan los trabajos mejor pagados", "lo normal es comer carne", "lo normal es que nosotras [las mujeres] cuidemos más", "lo normal es ser de una opción sexual o de la otra", "lo normal es que las niñas tengan vulva y los niños tengan pene" o "lo normal es ser blanca", entre otros muchos ejemplos). Y concluye: "A ver si resulta que 'lo normal' es un sistema de normas para hacernos vivir en un sistema de dominación, de opresión y explotación... creyéndonos que es 'lo normal'"[2].

Y es que se puede ser "no normal" de muchas maneras. *Queer* se refiere a esa rareza, esa desviación de la normalidad, de lo *straight*, en términos sexuales y genéricos. En realidad, la connotación sexual es de finales del siglo XIX; como aparece recogido en *Queer. Una historia gráfica* (un libro muy didáctico, que no me canso de recomendar), el primer registro del uso de *queer* como insulto homófobo es una carta de 1894 del padre de Alfred Douglas, conocido por acusar al escritor Oscar Wilde de tener una relación con su hijo. *Queer* se empezó a utilizar entonces como un término peyorativo para los hombres gais afeminados o con pluma, y como "un insulto general para cuestionar cosas al asociarlas con la atracción hacia personas del mismo sexo, del mismo modo que la frase 'eso es muy gay' se viene usando recientemente para implicar que algo es negativo" (Barker y Scheele, 2017: 9). Y, señala Borrillo, "como la xenofobia, el racismo o el antisemitismo, la homofobia es una manifestación arbitraria que consiste en señalar al otro como contrario, inferior o anormal" (2001: 13).

Rarites, *queer*, son la chica que tiene una expresión de género más masculina de la cuenta, o el chaval que lleva

---

[2]. El vídeo forma parte del programa *El Tornillo*, el "microespacio feminista de La Tuerka", disponible en https://www.youtube.com/watch?v=KoDKy-s8IUM

zapatillas rosas y/o pasa de jugar al fútbol, por mencionar dos ejemplos pensando en el patio de un centro educativo. Como apunta la teórica brasileña Guacira Lopes Louro (2019: 3), una noción singular de género y sexualidad viene siendo sustentada en los currículos y en las prácticas de nuestras escuelas. Aun cuando se admita que existen muchas formas de vivir los géneros y la sexualidad, es un consenso que la institución escolar tiene la obligación de orientar sus acciones a partir de una norma: habría únicamente un modelo adecuado, legítimo, normal de masculinidad y de feminidad y una única forma sana y normal de sexualidad, la heterosexualidad; apartarse de esa norma significa buscar el desvío, salir del centro, tornarse excéntrico.

Este modelo no se persigue solo en la escuela, sino que está presente en los medios, en el cine, en las artes, en el ámbito sanitario (los informes médicos, por ejemplo), el jurídico, en la sociedad en general. Al ámbito educativo vuelvo en el último capítulo sobre pedagogías *queer*.

Queer señala la desviación de la norma sexo-genérica, el salirse por la tangente, o escapar en diagonal dejando una estela de purpurina, como prefiramos. En nuestro contexto difícilmente te insultarán diciéndote *queer* por la calle; lo más probable es que te griten marimacho, maricón (de mierda, como le dijeron a Samuel antes de asesinarle)[3], travelo, puta, o te contesten "caballero" cuando eres una mujer trans*, entre otras posibles situaciones violentas. Ante ellas, hemos aprendido a hacer lo que Judith Butler denominó como "la inversión performativa de la injuria" (1990), es decir, a adelantarnos al insulto y declarar, muy orgullosas: somos maricas, bolleras, transgéneros, marimachos, bujarras, *butch*, y un gigantesco etc. Ese etcétera

---
[3]. https://es.wikipedia.org/wiki/Asesinato_de_Samuel_Luiz

es, precisamente, una señal de desbordamiento de las categorías identitarias y de la proliferación de las mismas[4].

Lo que se aleja de lo considerado normal o natural (siguiendo con Irantzu Varela, "lo normal es ser heterosexual", "lo normal es que tu sexo y tu género sean el mismo") ha sido históricamente, y continúa siendo, controlado, perseguido, criminalizado, patologizado[5]. Las disidencias sexogenéricas siguen enfrentándose a una serie de penalizaciones (invisibilidad, no respetabilidad, violencias de diversos tipos, ausencia de derechos y libertades), cuyo grado depende de los contextos. En Polonia, desde 2019, hay más de 100 municipios y gobiernos regionales declarados "zonas libres de LGTBI" (sic); recientemente, en el otoño de 2021, algunos han empezado a retirar esta "denominación" tras recibir el aviso de la Unión Europea de la posible supresión del envío de fondos. En Rusia, la Duma Estatal aprobó en 2013, rozando escandalosamente la unanimidad, una ley que prohíbe la propaganda homosexual, que ha disparado la homofobia en el país desde entonces. Y en Chechenia hay una "caza" de gais, lesbianas y trans* en marcha, como están denunciando grupos de activistas allí, y recoge el documental *Bienvenidos a Chechenia*[6]. Podría seguir hablando de otros muchos contextos donde no ser heterosexual (o no parecerlo), ser trans* o travesti supone hoy en día enfrentarse a

---

4. Sobre el término *queer* véase Butler (2002: 313-339).
5. Sobre la patologización de las sexualidades "desviadas", recordemos cómo todavía hoy siguen funcionando las terapias de reconversión de la homosexualidad en muchos contextos, incluido el nuestro. La despatologización ha sido, y continúa siendo, una batalla larga: a partir de 1974 la American Psychological Association (APA) elimina la homosexualidad del *Diagnostic and Statistical Manual of Mental Disorders* (DSM-II), y no es hasta 1990 cuando la Organización Mundial de la Salud (OMS) la excluye de la *International Classification of Diseases* (CIE-10). La transexualidad ya no es considerada un trastorno en el actual DSM-V, aunque sí la "disforia de género".
6. https://elpais.com/television/2021-06-27/bienvenidos-a-chechenia-retrato-de-una-violenta-purga-LGTBI+-a-la-sombra-de-putin.html

más violencias, sociales e institucionales, una merma de derechos, etc. Tampoco olvidemos cómo en el nuestro han aumentado las agresiones LGTBIfóbicas en los últimos años[7], consecuencia del discurso de odio difundido por la extrema derecha, a la que incomodan los avances de las movilizaciones feministas, LGTBI+ y *queer*.

Seguimos resistiendo a los regímenes de "lo natural" y "lo normal", y sus violencias, es decir, a todas las ideas normativas que señalan qué se considera raro o desviado, enfermo, extraño, "anormal", en relación con nuestro comportamiento, nuestra identidad sexual y genérica, nuestras corporalidades y apariencias (o expresión de género), nuestras relaciones, familias, etc. Sara Ahmed lo ha escrito magistralmente: "La desviación es dura. La desviación se hace difícil. La violencia flota alrededor de la persona desviada. Tú destacas respecto a lo que está alrededor" (2019: 180). Nosotres continuamos defendiendo la legitimidad de nuestras rarezas frente a los mandatos que nos intentan reconducir a lo *straight*, a "normalizar" nuestra *queerness*. Esta es una de las batallas que nos toca dar a nivel individual y colectivo (mejor juntes, y tomándonoslo con mucho humor, siempre que se pueda). Porque, como nos recuerda Víctor Mora (2021: 51),

lo *queer*, en la práctica, se significa encarnado y atraviesa los relatos de vida. Pronostica precariedades con mayor o menor grado de violencia y exclusión. Un cuerpo *queer* es un cuerpo cuestionado, cuestionable, sospechoso, puesto en duda. Un cuerpo que se sale del marco normativo y que, en el extremo de esa experiencia, devendrá vida desnuda, no válida, no llorable. La persona tan al margen de la norma/forma, de la persona/sujeto, que no tendrá un

---

[7]. https://www.eldiario.es/sociedad/paradoja-LGTBI+-espana-lider-avances-sociales-escenario-crueles-agresiones-homofobas_1_8280429.html

trato equivalente o no será leída, en definitiva, como persona, como igual. Eso, y no otra cosa, es lo *queer*.

HABITAR LAS PERIFERIAS

A la escritora Jeanette Winterson su madre le contestó: "¿Por qué ser feliz cuando puedes ser normal?", cuando ella, recién cumplidos los 16 años, le contó que se había enamorado de una chica. Aquella pregunta se convirtió, años después, en el título de un libro que Winterson publicó en 2012. En este volumen la autora reflexiona, también con mucho humor (es una estrategia muy *queer*), sobre su relación con su familia, lo que sucedió cuando se enamoró de aquella chica, se fue a estudiar a Oxford, se convirtió en escritora, y cómo sobrevivió a todas las dificultades y experiencias que le iba a brindar la vida. Como ella misma escribió, "no son unas memorias tristes: es un libro sobre la esperanza, sobre los cambios, sobre la buena suerte y las oportunidades". No ser normal puede, como en el caso de Winterson, tener un final feliz, no como en tantas novelas y películas que, en décadas previas (hasta los años noventa), asociaban constantemente homosexualidad y lesbianismo con muerte, soledad, tragedia, suicidios y cosas similares.

Poner en jaque el régimen de "lo normal", evidenciando que la normalidad es una convención social (y, como tal, puede cambiar) es parte del ADN de lo *queer*. De mi propia infancia y adolescencia recuerdo esa sensación de no encajar en un sistema que impone dos sexos y dos géneros, de habitar ese "no lugar" entre ser "niña" y "niño", el rosa y el azul, sin posibilidad de ningún otro color intermedio. Ese no encajar es una buena definición de *queer*, es un darse a la fuga, o intentarlo, correr lejos de las definiciones categóricas, que funcionan como cajas, donde nos colocan nada más nacer, o incluso antes (¿es un niño, o una niña? No sabemos, todavía no nos ha dicho nada). Es resistir en los márgenes, los espacios liminales entre los sexos, los géneros, las identidades. A veces incluso de las propias comunidades o grupos: Gloria Anzaldúa (2009: 90), escritora chicana y lesbiana, escribió cómo, incluso dentro de la comunidad lesbiana, "me siento como una *outsider*. Es siempre el afuera del afuera del afuera". El problema de habitar los márgenes es que, además, puede suponer estar en los bordes de la inteligibilidad. No ser leíde o reconocide puede traducirse en tener más problemas en el acceso a los derechos y a vivir una vida libre de violencias[8]. Reconocimiento y redistribución son dos polos de un debate que lleva ocupando mucho tiempo a las teóricas feministas Nancy Fraser y Judith Butler, entre otras[9]. Históricamente se han entendido las luchas feministas y LGTBI+ como relativas al reconocimiento "cultural" (de género, sexual, étnico, etc.), y las de la clase obrera a la redistribución "económica" (de recursos y bienes materiales), siendo estas últimas consideradas más importantes que las primeras. Los denominados "nuevos movimientos sociales" ya problematizaron a mediados de los años sesenta la distinción entre lo cultural y lo económico, además de la figura prototípica del trabajador varón, hetero, masculino; en los últimos años, el debate ha ido incorporando más voces en la línea de la hibridación entre ambas, y en subrayar que sin reconocimiento de los sujetos difícilmente hay redistribución. En nuestro contexto actual, las demandas de las personas trans* evidencian que no estamos ante una

---

8. La novela de Leslie Feinberg, *Stone Butch Blues*, de reciente traducción al castellano en Antipersona, muestra muy bien esto.
9. Sobre este debate se puede consultar el libro *Reconocimiento o redistribución: debates entre marxismo y feminismo*, disponible en https://www.traficantes.net/sites/default/files/pdfs/documentos_nlr_3_web_0.pdf

cuestión "meramente cultural" o académica, o un conflicto entre diferentes corrientes del feminismo. El conflicto existe, pero el calado es mucho mayor que el de un debate teórico (que, por otra parte, ni siquiera se está dando como tal). Como advierte Pablo Pérez Navarro, "es imposible separar la dimensión simbólica de la libre determinación del género de la lucha contra la violencia y la exclusión económica y material"[10]. El guion cultural en el que todo esto sucede es el marco heteronormativo, y el sistema, como sabemos, el heteropatriarcal, racista y clasista. Michael Warner (1993: xxi) definió la heteronormatividad como "los procesos normalizadores que mantienen la heterosexualidad como la forma elemental de asociación humana, como el modelo de las relaciones entre los géneros, como la base indivisible de toda comunidad y como los medios de reproducción sin los cuales la sociedad no existiría"[11]. Queer es no ser hetero y/o cisgénero[12], es decir, romper con los mandatos de género. Las personas diferentes no encajamos en ese marco, pero es que tampoco tenemos muchas ganas de hacerlo: es como ir a una fiesta a la que no te han invitado. No obstante, y este matiz es importante, "tanto para los intelectuales como para los activistas, lo queer supone un umbral crítico al definirse contra lo normal más que contra lo heterosexual, y lo normal incluye la vida normal del mundo académico" (Warner, 1993). En otras palabras, el problema no radica en la heterosexualidad como conjunto de prácticas sexuales, sino en la heterosexualidad como régimen político (Rich, 1980) y en la cis-heteronormatividad como marco cultural. Ahí es hacia donde dirigimos

---

10. https://www.elmundo.es/papel/2021/02/08/602114aafc6c8384058b45ae.html
11. Traducción propia, como todas las que aparecen a lo largo del libro.
12. "Cis" significa que tu género corresponde con el que te asignaron al nacer.

las críticas teóricas y las políticas *queer*[13]. En relación con los avances legales y sociales de los movimientos LGTBI+, en los últimos años ha surgido también otro blanco de las críticas *queer*: la *homonormatividad*, término acuñado por Lisa Duggan (2002). Este término se refiere a las personas LGTBI+ que defienden "una política que no desafía los presupuestos e instituciones heteronormativas dominantes, sino que los sostiene y defiende, al mismo tiempo que promete la posibilidad de un electorado gay desmovilizado y una cultura gay privatizada, despolitizada, basada en la domesticidad y el consumo" (Duggan, 2002: 179). Es decir, una búsqueda de la "integración" en el sistema sin realizar una crítica transformadora del mismo, los gais y lesbianas "buenos".

No encajar en las categorías de la heteronormatividad constituye, por tanto, un riesgo, una probabilidad mayor de ser discriminade, como señalé anteriormente, incluso en los contextos occidentales en los que hemos ido adquiriendo algunos derechos y libertades, gracias, entre otras cosas, a la movilización colectiva en la calle durante varias décadas. "Tengo cicatrices de risas en mi espalda", escribió el chileno Pedro Lemebel en su *Manifiesto (Hablo por mi diferencia)* (1986). No obstante, rechazar el contrato heterosexual, no solo en la práctica de vida de cada une sino en la práctica del conocimiento, también supone, como señaló Teresa de Lauretis (2003), un giro epistemológico, ya que cambia las condiciones de posibilidad del saber. "Lo *queer*" ha supuesto dar voz y abrir espacios a otros cuerpos y sujetos diferentes.

Judith Butler (1990: 194) posteriormente se referirá a la "matriz heterosexual" como el "entramado de inteligibilidad

---

[13]. A este respecto, véase la introducción al libro *El eje del mal es heterosexual. Figuraciones, movimientos y prácticas feministas queer* (2005).

cultural mediante la que los cuerpos, géneros y deseos son naturalizados", concepto basado, como señala ella misma, en el "contrato heterosexual" de Monique Wittig, y, en menor medida, en el concepto de "heterosexualidad obligatoria" de Adrienne Rich. La matriz heterosexual parte de y fomenta la alineación entre cuerpo, género y deseo sexual, es decir, da por hecho que

para que los cuerpos sean coherentes y tengan sentido debe haber un sexo estable expresado mediante un género estable (masculino expresa hombre, femenino expresa mujer) que se define históricamente y por oposición mediante la práctica obligatoria de la heterosexualidad (Butler, 1990: 194).

Esta asunción deja fuera todo aquello que no se adecúa a esa cadena sexo-género-sexualidad-identidad de géneroidentidad sexual, etc., es decir, toda una gama de "grises", un amplio espectro de corporalidades y categorías identitarias.

LA CASA DE LA DIFERENCIA

"People are different from each other."
EVE KOSOFSKY SEDGWICK, *Epistemology of the Closet* (1990)

Definir *queer* es algo, en realidad, muy poco *queer*. Más interesante que arriesgar definiciones o dibujarle límites sobre el papel es ver cuáles son sus características y sus potencialidades radicales. *Queer* es un posicionamiento político y una epistemología (una herramienta, o un conjunto de ellas, que nos puede ser útil para observar e interpretar el mundo de forma diferente, de manera crítica). Es un proceso, una acción, no una identidad. Y un verbo, *to queer*, o *"queerizar"* en castellano, que yo he utilizado en alguna ocasión en otros trabajos, como sinónimo de atravesar —uno de los significados de *queer* es *across*, a través—, de contaminar, cuestionar o, como dicen en América Latina, tortillear y amariconar, entre otras expresiones.

Queer es, también, un cambio de mirada, un giro en el foco: pasamos de considerar que hay gente "normal" y luego un conjunto de "minorías sexuales" (a las que después ponemos bajo la lupa y problematizamos) a decir, con la genial Eve Kosofsky Sedgwick: las personas somos diferentes. Todas. Este giro epistemológico ha sido y es clave para las micropolíticas *queer*, llevadas a cabo tanto en la calle como en el ámbito educativo, el sanitario, y tantos otros. Es una propuesta de cambio en el enfoque: miremos a la sociedad en su conjunto, no a las personas a nivel individual, y preguntémonos por qué todavía la gente no se siente libre en un centro de trabajo o en el instituto, con su familia o por la calle, si es diferente.

Podemos decir, soy *queer*, o mejor, *estoy*, ya que, como he comentado, no es una identidad. O *devenir*, haciendo alusión al proceso, al cambio. En todo caso, autodenominarse *queer* (bollera, marica, travesti, o lo que prefiramos) supone, como he mostrado, apropiarse del insulto, algo que contribuye a ir minando la connotación negativa, el estigma. Sobre este último escribió el sociólogo Erving Goffman el libro titulado *Estigma. La identidad deteriorada* (1998), en el que explica cómo funciona esa *marca* negativa que la sociedad pone a determinados sujetos o grupos sociales. Goffman define "estigma" como un atributo, un rasgo, una condición desacreditadora en las interacciones sociales. Lo fundamental, según Goffman, no es el atributo en sí, sino la connotación social que éste tiene en cada contexto sociohistórico, que puede suponer la infravaloración de una persona (por ejemplo, la percepción de algunas enfermedades mentales, como la epilepsia, ha cambiado con el tiempo). Este libro lo leí mientras trabajaba en mi tesis sobre el movimiento de lesbianas en el Estado español (Trujillo, 2008), en la que analicé cómo las activistas van negociando y construyendo los discursos sobre las identidades colectivas, claves para la movilización, teniendo en cuenta que eran (y son, aunque en menor medida) identidades estigmatizadas, es decir, devaluadas. Decir *queer* es, en definitiva, una manera de darle la vuelta al término e ir reduciendo el estigma, como hace la gente con diferentes capacidades cuando se autodenomina "disca", o las personas del Cono Sur al apropiarse de "sudaca", o cuando se resignifica "puta", como hizo Virginie Despentes en su genial *Teoría King Kong* (2007).

Hablar de diferencia (que no diversidad) es, por otra parte, hablar de relaciones de poder, de respeto (y no de tolerancia), de desigualdades basadas o justificadas en esas diferencias. Como escribió el gran Néstor Perlongher, no queremos que "nos expliquen, ni que nos toleren, ni que nos comprendan: lo que queremos es que nos deseen". Y que nos respeten. Las diferencias no son el problema, como nos recuerda Silvia Federici, sino las jerarquías que se establecen entre ellas, algo sobre lo que ya nos alertaron feministas lesbianas negras como Patricia Hill Collins, entre muchas otras, en los años setenta. Sobre jerarquías de sexualidades en niveles de respetabilidad y visibilidad escribió la antropóloga Gayle Rubin (1989). Hay un sexo considerado "bueno" (normal, natural, saludable) y otro "malo" (anormal, antinatural, patológico), y entre ambos extremos una serie de fronteras sexuales que marcan la virtud y el vicio, el orden sexual y el caos. Rubin explicó cómo en el borde de la respetabilidad están las parejas estables de gais y lesbianas, seguidas en el descenso hacia el sexo "malo" por los gais y lesbianas promiscuos, hasta llegar a los niveles más bajos de la jerarquía sexual, los más estigmatizados: prostitutas, travestis, trans*, sadomasoquistas, fetichistas, etc. Este texto, tan importante en los estudios de género y sexualidad, tiene, no obstante, unos años ya. Sería interesante repensar algunos de los casos y ver en qué lugar de la jerarquía están hoy en día (en el escenario del matrimonio igualitario o la ley de identidad de género, pese a todas sus deficiencias). Aun así, sigue existiendo una jerarquía en cuanto a identidades, relaciones sexo-afectivas, tipos de familias, etc. ¿Por qué se mantiene? Porque es funcional al sistema: la heteronormatividad no solo necesita de las desviaciones para existir, sino que se refuerza una y otra vez a través de penalizaciones a lo "rarito" (Butler, 1990).

Hablar de nuestras diferencias, entre mujeres, y entre lesbianas, gais, trans* (entre los grupos y dentro de ellos) es fundamental, nos advirtió Audre Lorde. La diferencia entendida como un lugar, una casa, como escribió ella, un espacio de encuentro donde poder refugiarse y compartir experiencias más allá de las categorías identitarias. Ella misma se definió en *La hermana, la extranjera* (2003) como "feminista Negra, lesbiana y socialista de cuarenta y nueve años, madre de dos hijos, uno de ellos varón y miembro de una pareja interracial", y así, con estas "etiquetas", continúa: "Suelo verme incluida en diversos grupos definidos como diferentes, desviados, inferiores o sencillamente malos" (Lorde, 2003: 121). La propuesta de Lorde es hablar de las diferencias (no de "desviaciones") de raza, de clase, de género, sexuales, de edad, y considerarlas como espacio de acogida y no de división entre luchas. "Solo en el marco de la interdependencia de diversas fuerzas, reconocidas en un plano de igualdad, puede generarse el poder de buscar nuevas formas de ser en el mundo y el valor y el apoyo necesarios para actuar en un territorio todavía por conquistar". Y continúa: "Sin una comunidad es imposible liberarse [...] Mas la construcción de una comunidad no pasa por la supresión de nuestras diferencias, ni tampoco por el patético simulacro de que no existen tales diferencias" (2003: 117).

¿TÉRMINO 'PARAGUAS'?

> "Lo *queer* no te quita lo racista."
> Pancarta del Bloque Racializado, Orgullo Crítico
> (Madrid, 2019)

Una de las razones por las cuales se comenzó a utilizar el término *queer* a finales de la década de los ochenta era que incluía a las denominadas sexualidades "periféricas" o "multitudes sexuales" (Preciado, 2003), en contraste con la expresión "minorías sexuales". *Queer* pretendía ser un término paraguas para todo el espectro sexo-genérico desviado, raro, no heteronormativo. Digo "pretendía" porque no siempre se ha logrado esa inclusividad ni mucho menos, y ha habido bastante debate sobre esto. En palabras de Gloria Anzaldúa, una de las precursoras de las teorizaciones *queer*:

> *Queer* se usa falazmente como un paraguas donde *queers* de todas las razas, etnias y clases falsamente encuentran cobijo. A veces necesitamos este paraguas para fortalecer nuestras filas contra extraños. Pero incluso cuando buscamos cobijo bajo él no debemos olvidar que homogeneiza y borra nuestras diferencias (1991: 250).

David Halperin también alertó de que el uso de *queer* como término inclusivo puede tener el efecto de "(mal) representarnos como una gran (*queer*) familia feliz" (1995: 64). En los últimos años hemos utilizado también otras expresiones como transmaricabollo o transmaricabibollo, al ser traducciones más cercanas de *queer* a nuestro contexto. Las combinaciones de términos que se han ido utilizando en los últimos años son muchos, como transfeministas kuir o transmabollocuir, por ejemplo (sobre transfeminismo escribo en el capítulo 5). Si *queer* alude más a un espectro de géneros y sexualidades, podríamos convenir en autodenominarnos todes "transgénero", utilizando el concepto de Susan Stryker, como propone Mora (2021: 63). Como lugar donde encontrarnos no me parece nada mal.

Del término *queer* se han dicho muchas cosas: por ejemplo, que no se entiende; yo creo que, en general, sí, y nos ha costado mucho que así fuera. Muches seguimos utilizándolo porque "feminismos *queer*" nos remite a una genealogía radical, y otras activistas en otros contextos así lo entienden; si no es el caso, podemos utilizar transfeminismo, que quizás resuene más (por ejemplo, en América Latina). También se ha criticado que *queer* se haya traducido en muchas ocasiones, apresurada e interesadamente, como "marica", con lo que el término pierde ese carácter más inclusivo que, al menos en teoría, tiene en inglés. También se ha cuestionado, con razón, la posible despolitización de esa inclusividad semántica, y el peligro de apropiación del término fuera del ámbito de la protesta sexual. Como ya he comentado, aquí difícilmente nos insultarán por la calle diciéndonos: ¡Eh, tú, *queer*!, pero eso no significa, como intento mostrar en este libro, que el término no tenga esa historia de radicalidad, y que no la mantenga. Para muches de nosotres seguir llamándonos *queers* es también una forma de reconocer la trayectoria política de la que venimos que, en mi caso, comenzó en la segunda mitad de los noventa, en pleno bullir de grupos, convocatorias, acciones (y fiestas) *queer* y feministas en el barrio madrileño de Lavapiés.

Si bien he compartido en muchas ocasiones la crítica a lo *queer* como algo anglo y académico, me quedo ojiplática cada vez que leo las advertencias sobre los peligros de la entrada de "lo *queer*" en las universidades en nuestro contexto, como denuncia el sector trans-excluyente del feminismo. ¡Ya nos gustaría que así fuera, que hubiera grados de Estudios Queer! Por otra parte, esas alarmas evidencian todo lo que aportan —y lo disruptivo que puede ser para ciertos sectores aposentados en los ámbitos académicos— todo este conjunto de herramientas teóricas y de prácticas políticas que tanto han enriquecido a los feminismos (y viceversa). En otras palabras: ladran, luego cabalgamos. El rechazo a todo lo que suene a *queer* en el ámbito académico en general, y por parte del feminismo académico, de corte ilustrado, en particular, es más que manifiesto (a algunas no nos sorprende, esto viene de hace años ya, aunque es cierto que es todo más virulento ahora). Como ha escrito Beatriz Suárez Briones: "Creo que las feministaslesbianasqueer somos la distopía de ese feminismo académico dualista y heterocentrado" (2019: 22).

Es importante seguir fiscalizando los usos interesados de "lo *queer*" en la academia y fuera de ella (por ejemplo, para evitar nombrar a lesbianas, gais, trans*, bisexuales, intersexuales, personas no binarias, etc.; o porque decir *queer* puede quedar mejor, es un término más moderno, más *cool*). Y, al mismo tiempo, es importante que sigamos pensando de manera crítica y *habitando* con nuestros cuerpos e identidades *queer* los espacios de producción de conocimiento, donde hay todavía muchas presencias, temáticas e investigaciones que resultan incómodas.

RE-SENTIR 'LO *QUEER*'

Levantemos ahora la mirada de nuestro contexto para ver la fotografía global. Cuando decimos *queer* estamos hablando de "un proyecto crítico, heredero de la tradición feminista y anticolonial, que tiene como objetivo el análisis y la deconstrucción de los procesos históricos y culturales que han conducido a la invención del cuerpo blanco y cis-heterosexual como ficción dominante en Occidente" (Preciado, 2009: 19). A mí me interesan especialmente los diálogos que estas miradas radicales, de resistencia, establecen con las perspectivas decoloniales, como un modo de habitar este proyecto político desde el Sur global y este Sur nuestro europeo[14].

Las prácticas políticas *queer*, o *transviadas* en el contexto luso, no surgieron en Estados Unidos, ni lo *queer* se refiere a algo meramente académico y anglo en todos los contextos, aunque es cierto que en algunos (como el de Brasil, por ejemplo) pueda resonar así. Como apunta Colling (2019: 181), "es muy difícil pensar que existe una nacionalidad específica para los estudios *queer*". Dependiendo del contexto y de las genealogías, es decir, de cómo lo *queer* se ha desarrollado y ha sido leído en cada realidad, tiene una mayor o menor radicalidad, además de que se nombra de maneras diferentes también: *queer*, cuir, kuir, *transviados*, transmaricabollos, disidencias sexo-genéricas, etc. (Pérez y Trujillo, 2020). La escritora y activista argentina val flores (2013) ha reflexionado sobre los diferentes modos de leer y de vivir lo *queer*/cuir en América Latina. Diego Falconí, Santiago Castellanos y Maria Amelia Viteri (2014) propusieron, a su vez, "re-sentir lo *queer*" desde el Sur global, como una manera de pensarlo en tensión con su carácter etnocéntrico y su ubicación geohistórica en el Norte. Re-sentir lo *queer* mientras recordamos que es un término propuesto para la desestabilización corporal y que, por su carácter resbaladizo, se resiste a ser, no puede ser, reapropiado. Re-sentir o sentir de otro modo, descolonizando lo *queer*. En este sentido, val flores (2013: 55-61) señala: "Aquí se disputa lo cuir como localización de la disconformidad con las hegemonías no sólo identitarias sino también geopolíticas", y más adelante reclama una "latinoamericanización de lo

---
14. Sobre el uso del término "cuir" en Latinoamérica, véanse López y Davis (2010) y Rivas (2011).

cuir". Diego Falconí utiliza el término "cuy(r)" y "cuyrizar", pensando en su contexto natal de Ecuador[15].

Identidades fronterizas, atravesadas por intersecciones, mestizaje, figuras híbridas, que contaminan y cuestionan los esencialismos y los universalismos. Todo esto (también) es "lo *queer*".

---

15. Véase esta entrevista a Falconí: https://wp.nyu.edu/gsas-revistatemporales/diego-falconi-travez-escribir-para-cuyrizar-la-mirada

CAPÍTULO 2
ACTIVISMOS Y TEORÍAS *QUEER*, Y VICEVERSA

"Si les molesta tu pluma, clávasela."

LA RADICAL GAI

Vayamos a las calles, que es donde surgió "lo *queer*". Los comienzos del activismo que se autodefinió como *queer* se suelen situar a mediados de los años ochenta en comunidades como las de las lesbianas chicanas de California o las lesbianas negras, migrantes, indígenas, que se rebelaron contra su "extranjería" del movimiento de gais blancos y de clase media. No obstante, como apunta Facundo Saxe, "ya hay marcas para pensar lo queer en los años setenta, en el modelo gay subversivo del momento inicial (vinculado directamente a rebeliones como la de Stonewall en 1969 en Estados Unidos) del movimiento de liberación gay-lésbica y en el pensamiento de autoras como Anzaldúa" (2005: 47). Y lo mismo sucedió en el Estado español, como muestro en el capítulo 4, en el que explico las genealogías de los activismos radicales desde los años setenta en adelante.

Una crítica similar fue a la que se enfrentó el movimiento de mujeres estadounidense; como le recordó la feminista negra bell hooks a Betty Friedan, la clase y la raza no estaban en su análisis de *La mística de la feminidad*, publicado en 1963, como no estaban las necesidades y demandas de las mujeres pobres y negras (y lesbianas y trans*) en los discursos y movilizaciones feministas. Más de un siglo antes, en

1851, Sojourner Truth, activista feminista que había sido esclava, leyó su discurso *¿Acaso no soy yo una mujer?* "Al repetir su pregunta: '¿Acaso no soy una mujer?', nada menos que en cuatro ocasiones, exponía los prejuicios de clase y el racismo que impregnaban al nuevo movimiento de mujeres", escribió Angela Davis en *Mujeres, raza y clase* (2004), libro en el que analiza la importancia del discurso de Truth[16].

Las políticas identitarias articuladas en torno a los sujetos "mujer" o "gay" excluían a la mayoría de aquelles a les que decían representar. *Queer* es la etiqueta que utilizaron entonces los gais pobres, las lesbianas negras, los seropositivos, las plumeras[17]... todo ese lumpen de los movimientos que ni estaba ni se le esperaba, que demandan un lugar político sin exclusiones y un discurso propio.

Llamarse *queer* en los noventa fue una marca, un gesto de disidencia. Sigue siéndolo, siempre que *queer* sea sinónimo de crítica, de lucha anticapitalista y antirracista, feminista, anticapacitista... de mirada y política interseccional (Crenshaw, 1991). Al igual que sucedió en el ámbito anglosajón, en nuestro contexto las activistas rehusaron las categorías de "lesbiana" o "gay" y "adoptaron *queer* como marca de separación de tal política, como distintivo de su disidencia ideológica" (Duggan y Hunter, 1995: 14). El término "homosexual" se rechazó también, cuestionándolo (de ahí las comillas), al ser una categoría creada por la medicina con fines reguladores (Llamas, 1998: 376). En Estados Unidos, las lesbianas que se rebelaron contra los estándares de pureza del movimiento (sobre todo las lesbianas S/M y las *butch-femme*) encabezaron la corriente denominada pro-sexo, junto a heterosexuales

---

16. bell hooks publicó un libro en 1981 retomando este mismo título: *¿Acaso no soy yo una mujer?* La traducción al castellano fue publicada en 2020 en la editorial Consonni.
17. La "pluma" siempre ha sido molesta para algunos sectores del movimiento gay, como sucedió en nuestro contexto en las primeras manifestaciones del Orgullo (Trujillo, 2008).

"liberadas" sexualmente y a mujeres cercanas al feminismo radical clásico (Rubin, 1989). Muchas lesbianas se unieron, durante los conflictos en torno a la pornografía (las llamadas *sex wars*), a los grupos *queer* al no sentirse identificadas ideológicamente con el discurso de cierto lesbianismo feminista, que era "anti-sexo, anti-gais, de clase media, blanco y homogeneizador" (Duggan y Hunter, 1995: 14).

Queers eran (y son) los márgenes del movimiento feminista blanco y de clase media, o del *heterofeminismo*, como lo llamó Monique Wittig. En nuestro contexto, hubo una importante crítica *queer* a algunos grupos de feministas lesbianas y sus discursos y representaciones desexualizadas, que parecían ancladas en la década anterior de los ochenta. La crítica *queer* iba también dirigida a unos colectivos de "gais y lesbianas", que hasta la mitad de los años noventa estuvieron integrados por varones en su inmensa mayoría: de "mixtos" tenían poco. Para muchas, llamarnos *queer* tenía que ver con una desidentificación, utilizando la expresión de De Lauretis (2000), con todo aquello, y con unas políticas identitarias que, como explicó Butler en *El género en disputa* (1990), presuponen y constriñen a los propios sujetos a los que buscan liberar. "Lo *queer*" fue una bocanada de aire fresco en los noventa, nos recargó las pilas activistas y contribuyó a que no abandonáramos la lucha feminista y bollera y trans*, sino todo lo contrario. Muchas continuamos (hasta hoy), nos inventamos otros grupos, escribimos fanzines, creamos redes, organizamos jornadas y fiestas, fuimos a mil *manis*, y tantas otras cosas. Conseguimos afectarnos de alegría, multiplicar los afectos, como diría Deleuze. Con nuestros aciertos y nuestros errores, pero mantuvimos la llama prendida, que no es cualquier cosa (sobre esto, analizando el caso de Estados Unidos, escribió Nancy Whittier un maravilloso libro, *Feminist Generations: The Persistence of the Radical Women's Movement*). "Lo *queer*" en nuestro contexto fue, como le escuché en una ocasión a Preciado, una vuelta del buen rollo al feminismo (apreciación —y recuerdo— que comparto totalmente). Y me alegro de estar escribiéndolo, para que no se (nos) olvide.

ALIANZAS MÁS ALLÁ DE LAS IDENTIDADES

En nuestro contexto, lo *queer* no es, por tanto, solo un producto importado del exterior, sino que las múltiples influencias y tránsitos de los que bebe se traducen, se articulan y se reformulan en —al tiempo que problematizan— el espacio y la política local[18]. En el Estado español, el término *queer* aparece por vez primera en el número tres de la revista *De un plumazo* del grupo La Radical Gai (LRG), que en 1993 se define como "queerzine". En 1994, Lesbianas Sin Duda (LSD) utiliza en su fanzine *Non Grata* la expresión "yo soy *queer*, soy diferente"[19].

La crisis del SIDA y la desidia absoluta de las instituciones frente a ella, junto con la parálisis de la izquierda en general, y de los colectivos gais —que intentaban evitar la asociación de SIDA con homosexualidad—, activaron la rabia e impulsaron la creación de estos primeros grupos *queer*. Entre ellos cristalizó la política de alianzas entre maricas y bolleras (que eran, en muchos casos, amigas), como sucedió en otros contextos (Carrascosa y Vila, 2005). El SIDA reactivó en la mayoría de los países occidentales las "comunidades" sexuales, como forma

---

18. Sobre esta y otras cuestiones se puede consultar *El eje del mal es heterosexual. Figuraciones, movimientos y prácticas feministas queer*, en el que participamos las personas integrantes del Grupo de Trabajo Queer y otras plumas invitadas, y publicó en 2005 la editorial Traficantes de Sueños en versión *copyleft*. Aunque es un volumen colectivo que tiene ya unos años, creo que sigue siendo una referencia útil e interesante, al contar con múltiples voces, para adentrarse o continuar leyendo sobre "lo *queer*".

19. El grupo se autodenominó de muchas maneras: Lesbianas Sudando Deseo, Lesbianas Son Divinas, Lesbianas Saliendo Domingos, etc., como una forma de problematizar (y reírse) de la idea de la identidad lesbiana como algo homogéneo e inamovible.

de enfrentar colectivamente un torrente de hostilidades a nivel social, médico e institucional sin poder, además, recurrir a las (en muchas ocasiones homófobas) familias de origen. En nuestro caso, las alianzas fueron en concreto entre las maricas y bolleras *queer*; durante la década de los ochenta los colectivos de feministas lesbianas y los gais anduvieron por caminos bastante separados políticamente, y las feministas lesbianas no consideraron en aquel momento que el SIDA fuera una lucha suya (Trujillo, 2008).

El SIDA colocó en primera línea los cuerpos, los enfermos y los sanos (como sucedió con el aborto y denunció la artista Barbara Kruger: "Tu cuerpo es un campo de batalla"). Las lesbianas de LSD se sumaron a la denuncia y a la demanda de una necesaria prevención, que brillaba por su ausencia ("Protege tu amor del SIDA"), y a una serie de acciones, como las realizadas durante varios primeros de diciembre, Día Internacional del SIDA, contra la desidia política del Ministerio de Sanidad respecto al tema.

En Estados Unidos, "el trabajo de grupos como *AIDS Coalition to Unleash Power* (ACT UP) y Nación Queer hizo espectacularmente visible en todos los sectores sociales la importancia de la prevención y amplió la gama de identidades sexuales no normativas" (De Lauretis, 2019: 140). Estos dos grupos, junto a las Lesbian Avengers y las Radical Furies, defendieron, además de la necesidad de aunar fuerzas, aunque fuera en forma de coaliciones puntuales, la acción directa (la estrategia *in your face*, "en tu cara") contra la homofobia y la invisibilidad de maricas, bolleras, travestis y trans*, la denuncia del silencio y la falta de acción política frente al SIDA, y la integración del antirracismo, el antisexismo y el anticlasismo en la protesta[20]. Grupos *queer* como La Radical

---

20. ACT UP (*AIDS Coalition to Unleash Power*), cuya vertiente artística se llamó "Gran Fury", se creó en Nueva York en 1987 y se extendió a otras ciudades estadounidenses y europeas (en concreto a París, en 1989), con su triángulo

Gai o LSD desplegaron un repertorio de acciones y unas estrategias políticas muy parecidas en tierras ibéricas. Esta corriente radical es la que continuaron, posteriormente, otros muchos grupos *queer*/cuir y transfeministas; sobre ellos escribo en el capítulo 5. Los grupos *queer* comparten una serie de elementos entre ellos, como la crítica a la política identitaria y sus exclusiones, al tiempo que hacen un uso estratégico, de manera puntual, de las identidades (esto es a lo que Gayatri Spivak se refirió como "esencialismo estratégico"); la lucha contra el binarismo de género y sexual; la autonomía política; y la idea de que la cuestión prioritaria no es la demanda de derechos y la estrategia a seguir la negociación institucional, sino la batalla cultural, y en la calle. Son grupos de organización asamblearia, autogestionados, críticos con las múltiples diferencias (de clase, de raza, de etnia, de estatus legal, edad, capacidad, etc.), y con el movimiento LGTBI+ *mainstream*, institucionalizado y centrado, en líneas generales, en los avances legales. En el caso del Estado español, la obtención de derechos como el del matrimonio "igualitario" o la adopción por parte de personas LGBTI+ ha permitido a la gente que quería disfrutarlos que lo hiciera (y que sus parejas y familias tengan un respaldo legal). Al mismo tiempo, ha supuesto una desmovilización importante del movimiento LGTBI+ moderado (no ha sucedido lo mismo, en general, con los grupos transfeministas y *queer*), mientras ciertos sectores (conservadores y no solo) siguen difundiendo la idea de que la gente no cis-hetero ya hemos conseguido todo lo que demandábamos (¿qué más quieren, si ya pueden casarse?).

---

rosa y sus carteles y eslóganes (Silencio = Muerte, Acción = Vida). Sobre ACT UP se puede consultar, entre otros, el excelente trabajo de Sarah Schulman (2021), y sobre ACT UP-París, los textos recogidos en la compilación de Ricardo Llamas (1995: 249-281).

El impacto de los grupos *queer* en los más institucionalizados ha sido, por otra parte, bastante destacado. Las perspectivas *queer* han contaminado a los colectivos LGTBI+ mucho más de lo que las activistas imaginamos (Colling, 2019). Los activismos más moderados se han ido, en general, acercando a los más radicales en algunas cuestiones como la crítica a los binarismos de género y sexuales, o a la heteronormatividad. Pero las diferencias continúan (entre los activismos *queer* y los institucionalizados, y también dentro de estos mismos a su vez), y se hacen evidentes en algunos puntos como el de la afirmación de las identidades, entre otros. En este sentido, Colling (2019) muestra en su investigación sobre el activismo *queer* y LGTBI+ en clave comparada en cuatro países (Argentina, Chile, Portugal y España) que la percepción de que el activismo *queer* es anti-identitario o contrario a las identidades es falso. Por el contrario, el activismo *queer* llega a ser, en determinadas ocasiones, incluso hiperidentitario con las identidades más abyectas o marginalizadas como las *butch* o bolleras masculinas, las maricas afeminadas, las gitanas pobres, las no monógamas, las queer rurales, las diversas identidades y corporalidades trans*, etc. *Queer*, de hecho, también se ha entendido, y activado, como un lugar de confluencia multi-identitaria.

Queer, en definitiva, no es lo mismo que elegetebé. Las políticas identitarias han sido (y siguen siendo) importantes a la hora de obtener avances legales para las denominadas "minorías sexuales" y, al mismo tiempo, las aportaciones teóricas *queer* (como, por ejemplo, el énfasis en que las identidades son construcciones sociales, históricas, y no esencias, y que no podemos olvidar que los diferentes ejes de poder interseccionan) pueden ser muy útiles para repensar algunas de sus dimensiones.

TEORÍAS TORCIDAS

La retroalimentación entre activismos y teorías *queer* ha permitido desdibujar los límites entre ambas e ir cuestionando las fronteras entre los dos ámbitos, al igual que entre activismo(s) y academia(s): algunas activistas trabajamos también en el ámbito académico, y el activismo es una escuela de aprendizaje de muchos tipos, incluido el teórico. Al mismo tiempo, la educación, nuestras clases, también son (o pueden ser) un espacio de transformación social (hooks, 1994). En la universidad española, a la supervivencia frente a las precariedades, las jerarquías, la falta de estabilización, etc., hay que sumarle el hecho de que, todavía hoy, no es un ámbito, en general, muy *queer friendly*. Nuestra permanencia en los espacios académicos, investigando y hablando sobre estos temas, es una forma de activismo también.

En el ámbito de la academia estadounidense, el término "teoría *queer*" apareció en 1991 en un artículo de Teresa de Lauretis en el segundo número de la revista *Differences*, en el que denunciaba que los "estudios de gais y lesbianas" se habían "integrado" demasiado cómodamente en la universidad, y además se preguntaba por el papel de los estudios lésbicos en ese conjunto unido por una "y". De Lauretis defendía que era necesario que este tipo de estudios realizaran una reflexión teórica mucho más crítica y más atenta a las diferencias dentro de la comunidad feminista y gay (de etnia, de raza, de clase social, de sexualidad, etc.) para poder "construir otro horizonte discursivo, otra manera de pensar lo sexual" (1991: 11). En nuestro contexto, a finales de la década de los noventa, Ricardo Llamas (1998) propuso el término "teoría torcida" como posible traducción del vocablo inglés *queer theory*, siguiendo la etimología latina del término (*torquere*, torcer)[21]. Aquella propuesta de De Lauretis, que supondría el comienzo de un "proyecto de teoría *queer*", no funcionó; tres años después, en 1994, la teórica italiana escribió otro artículo en la misma revista criticando la teoría *queer* por haberse convertido en algo "vacío". Como ella misma recuerda (2019: 140):

Mi proyecto de "teoría *queer*" consistía en iniciar un diálogo entre lesbianas y hombres gay sobre la sexualidad y sobre nuestras respectivas historias sexuales. Yo esperaba que, juntos, rompiéramos los silencios que se habían construido en los "estudios lésbicos y gais" en torno a la sexualidad y su interrelación con el sexo y la raza —por ejemplo, el silencio en torno a las relaciones interraciales o interétnicas—. Las dos palabras, teoría y *queer*, aunaban la crítica social y el trabajo conceptual y especulativo que implica la producción de discurso [...] Si bien ese no era un proyecto utópico, en aquel momento yo todavía imaginaba que las prácticas teóricas y las prácticas políticas eran compatibles. Pensando en la subsiguiente evolución de la teoría *queer*, ya no estoy segura. El diálogo que yo esperaba no se produjo.

Durante los años noventa se publicaron algunos libros que —de manera retrospectiva— se consideraron los iniciadores de esta nueva "teoría": *Epistemología del armario* o *Between Men. English Literature and Male Homosocial Desire* (no traducido todavía al castellano), ambos de Eve Kosofsky Sedgwick, y *El género en disputa*, de Judith Butler. No obstante, como acertadamente señala Saxe (2015: 43), "'La prieta' de Anzaldúa antecede a todos los textos nombrados". Anzaldúa, injustamente olvidada en estos relatos de las iniciadoras

---

21. Teresa de Lauretis apunta también como etimología probable de *queer*: "De la raíz *t(w)erk*, que da en alemán moderno *quer* (*qwer* en alemán antiguo), que significa "oblicuo, diagonal, inclinado"; en neerlandés *dwars*; en inglés *(to) thwart*" (2019: 139).

de "lo *queer*", fue una pionera y precursora de estas teorizaciones. Estas autoras propusieron, entre otras muchas ideas, la definición del género como una *performance*, un término procedente del mundo del teatro. Esa propuesta era una reacción a, por una parte, la afirmación del feminismo esencialista de una verdad prediscursiva, "natural", a la diferencia sexual, y, por otro, a la imposición normativa de ciertas formas de masculinidad y feminidad. Vuelvo a estas cuestiones en el capítulo siguiente.
Desde aquella propuesta inicial de De Lauretis, en 1991, hasta hoy ha llovido mucho. Como esta teórica ha escrito años en los últimos años,

> el actual término *queer*, al mismo tiempo que conserva algo de su connotación histórica de desviación sexual, ha llegado a ser una identidad de género, es decir, se queda lejos de lo que es específico de la sexualidad, el perverso polimorfo de Freud, que Mario Mieli en Italia y Guy Hocquenghem en Francia volvieron a teorizar durante la visionaria y radical década de los setenta (2019: 141).

HERRAMIENTAS TEÓRICAS

La expresión "teorías *queer*", en plural, se ha utilizado para señalar que se trata de un conjunto de diferentes teorizaciones que continúan en construcción, sin un objeto claramente definido y muchas voces distintas, incluso contradictorias en ocasiones entre sí. Algunos de los puntos centrales de estas teorías, como recogió Javier Sáez (2004: 128-150), son (i) la crítica a los binarismos naturaleza/cultura, sexo/género, hetero/homo, hombre/mujer; (ii) el cuestionamiento de la "naturalidad" de la categoría de sexo, que se entiende como un producto del dispositivo de género; (iii) el género como tecnología; (iv) la importancia de articular los ejes de raza, clase, sexo, cultura e identidad sexual y de género; (v) el anti-asimilacionismo y la producción continua de identidades diferentes; (vi) la crítica a la normalización de la diferencia; y (vii) la performatividad del género y del sexo, y la crítica al carácter esencial del género y la sexualidad. Las teorizaciones *queer* plantean una serie de interrogantes sobre las precondiciones de la identidad (qué elementos hay que tener para ser considerada, por ejemplo, una "lesbiana", un "gay", una "mujer") y sus efectos (a quién incluimos y a quién dejamos fuera de esa etiqueta identitaria). Es una ruptura crítica con las identidades, que habían sido necesarias en su momento para la movilización (pensemos en las décadas de los setenta y ochenta), pero que ya no resultaban suficientes. Las identidades se entienden como afinidades del "aquí y ahora" más que como esencias inmutables:

Algunas lesbianas "siempre" han sido lesbianas. Otras, como yo, han "devenido" lesbianas. Tanto construcción sociocultural como efecto de las primeras experiencias de la infancia, la identidad sexual no es innata ni *simplemente* adquirida, sino dinámicamente (re)estructurada por formas de fantasía privadas y públicas, conscientes e inconscientes, que están culturalmente a disposición y son históricamente específicas (De Lauretis, 1995: 43).

Los análisis teóricos *queer* no solo giran en torno a esas otras identidades sexo-genéricas y otras expresiones de género, sino que lo hacen con una mirada interseccional: cómo la clase social, el estatus migratorio, la capacidad, la raza, la etnia, la edad, se entrecruzan en nuestros cuerpos y vidas, y cómo estos cruces se traducen en que haya unas vidas más *vivibles* que otras, dependiendo de los privilegios (o no) que tengamos. En esta línea, una de las críticas *queer* a la denominada "política de la identidad" se refiere a que esta privilegia a los que la sexualidad les supone su "marca" principal; este sería el caso, por ejemplo, de los hombres blancos gais (Duggan, 1998: 566). Estos debates sobre la cuestión de las identidades y sobre cuáles son las estrategias más eficaces para la transformación social se han producido también en círculos poscoloniales y posestructuralistas. Desde esta literatura se ha cuestionado de igual manera la noción de una identidad fija no solo porque se trate de una ficción previa a la movilización, sino por las exclusiones que genera.

CAPÍTULO 3
AMPLIANDO EL SUJETO POLÍTICO DEL FEMINISMO EN LAS CALLES Y LAS TEORÍAS

> "Hay que llevar a cabo una transformación política de los conceptos clave, es decir, de los conceptos que son estratégicos para nosotras [...] Y ya no podemos dejárselo al poder del pensamiento heterosexual o pensamiento de la dominación."
>
> MONIQUE WITTIG, *El pensamiento heterosexual y otros ensayos* (2005)

En los últimos tiempos hemos vuelto a los debates sobre el sujeto político del feminismo; o, mejor dicho, un sector del feminismo ha retomado estos debates de manera interesada para volver a dibujar los contornos de la identidad "mujer", utilizando el discurso del sexo biológico para ello. Estos debates llevan, no obstante, ocupando unas décadas al feminismo. Como muestro en este capítulo, tanto desde la reflexión teórica (autoras como Monique Wittig, Adrienne Rich, Teresa de Lauretis, Gloria Anzaldúa, Judith Butler, entre otras muchas) como desde la protesta en las calles, el sujeto político feminista se ha ido ampliando desde los años ochenta de *la Mujer* inicial a *las mujeres*, en plural (Trujillo, 2011). Es mucho lo recorrido ya.

La cuestión del sujeto de la lucha feminista nos hace preguntarnos por un "nosotras", o "nosotres", que implica unas otras, otres. ¿Quiénes somos o son esas "nosotras"? ¿Y quién o quiénes las definen? Yendo un poco más allá, como sugiere Sam Fernández (2018): "¿Quiénes queremos/necesitamos ser para poder vehicular los reclamos éticos que nos movilizan contra ese heteropatriarcado que vivimos cada día en contextos complejos?". Más que definir quiénes son mujeres y quiénes no, y lo mismo con los varones, podríamos pensar qué es lo que nos une en el feminismo: ¿es la biología? ¿El binarismo sexual? (¿dónde se nos ha quedado la reivindicación feminista histórica de que la "biología no es destino"?). El relato sobre la diferencia sexual está asentado en el presupuesto de que existen dos entidades biológicas (sexos) cerradas y discernibles claramente entre ellas. Pero este no es el único relato, como sabemos, hay otros que han analizado la existencia de un "continuum" o espectro sexual, más allá de los binarismos (los trabajos de Anne Fausto-Sterling o de Donna Haraway, entre otros). Ya a comienzos de los noventa, Judith Butler puso en jaque, con la publicación de *El género en disputa*, la idea de que el sexo es algo natural mientras el género se construye socialmente, al explicar que la naturalización del sexo se ha configurado dentro de la lógica del binarismo de género. No es que el cuerpo no sea material, sino que accedemos a esa materialidad a través de una "lente", un imaginario social, todo un conjunto de discursos, prácticas, normas sociales sobre los cuerpos. En este sentido, es muy interesante la propuesta de la investigadora y activista trans* Aitzole Araneta (2020), que habla de un "sexo biográfico".

    Esta desencialización del sexo y el género supuso un cuestionamiento de la categoría "mujer" o "mujeres": más que un sujeto colectivo dado por hecho, es un significante político. En nuestro contexto actual, ¿por qué esta obsesión ahora con dibujar los límites —otra vez— del sujeto del feminismo? No es casualidad que esto suceda cuando hay varios borradores de leyes a debate. Pero ¿cuál es la "dirección" en el proceso entre sujeto y agendas políticas? ¿Delimitamos el sujeto político y de ahí se derivan las reivindicaciones políticas? O es al revés, ¿decidiendo cuáles son las demandas (re)definimos el sujeto o los sujetos políticos? Son nuestras apuestas políticas las que (re)generan esa categoría del "nosotras" o "nosotres", no hay una identidad previa a la acción colectiva (Trujillo, 2008).

El problema es a quiénes, de nuevo, se deja fuera: esto nos recuerda a cuando "las otras" (negras, chicanas, lesbianas, trans*) se levantaron y dijeron "basta" al feminismo blanco, hetero y de clase media. Basta de exclusiones, compañeras. Una de las preguntas centrales aquí es: ¿si abrimos el sujeto pierden fuerza las demandas feministas? No, se amplían, se complejizan. La lucha contra las violencias del cisheteropatriarcado nos sirve aquí para ejemplificar esto: esta batalla, que parece no tener fin, no pierde ni un ápice de importancia o fuerza porque pensemos en cómo la sufren otros sujetos, *además* de las mujeres heterosexuales: las mujeres trans*, las lesbianas, las bisexuales y otros sujetos feminizados. Este capítulo analiza estas cuestiones. Empecemos por Simone de Beauvoir.

NI SE NACE MUJER NI TAMPOCO HAY QUE LLEGAR A SERLO: SIMONE DE BEAUVOIR Y MONIQUE WITTIG

Simone de Beauvoir publicó *El segundo sexo* en 1949. En este conocido trabajo, la filósofa francesa defendía que la diferencia entre sexos no es algo natural; frente a las explicaciones basadas en la biología, De Beauvoir (1989: 240) abrió el horizonte del análisis al peso de la cultura (la "civilización")[22]:

No se nace mujer, se llega a serlo. Ningún destino biológico, psíquico, económico define la figura que reviste en el seno de la sociedad la hembra humana; es la civilización como un conjunto la que produce

---

22. Este capítulo parte de y profundiza un trabajo previo: "Y no, no somos mujeres. En torno a Monique Wittig", que formó parte de la compilación *Las lesbianas (no) somos mujeres. En torno a Monique Wittig* publicada en 2013 por la editorial Icaria.

esa criatura, intermedia entre el hombre y el eunuco, que se describe como femenina[23].

De Beauvoir desarrolló en este trabajo la idea de que la mujer está definida, en relación con el hombre (el sujeto, el absoluto), como "el otro" (el objeto, condenado a la inmanencia). Ambos, el sujeto y el objeto, se relacionan por una necesidad recíproca (la sexualidad, la reproducción) y similar a la existente entre el amo y el esclavo. La obra de De Beauvoir fue muy influyente en la segunda ola de la movilización feminista, surgida en los años sesenta y setenta, en el contexto de la emergencia de los "nuevos movimientos sociales" en los países occidentales, que mencioné en páginas anteriores. Fue a partir de las propuestas de esta autora cuando el feminismo comenzó a teorizar acerca de la división entre sexo (material) y el género (aquello construido culturalmente) y a analizar la configuración de ambos géneros. El libro de Robert Stoller *Sex and Gender*, publicado en 1968, supuso el origen de un debate terminológico y filosófico que todavía continúa, y se ha redoblado en nuestros días.

El movimiento por la liberación de la mujer se articuló, en sus inicios, en torno a un sujeto político de carácter universal (*la Mujer*), que perseguía aglutinar los elementos de subordinación y discriminación de las mujeres como grupo social, y para el que se quería conseguir representación política (una cuestión, como sabemos, muy compleja). El discurso feminista se construyó sobre la base de las diferencias existentes entre mujeres y hombres, lo que se vino a denominar *diferencia de género*. Ese fue el punto de arranque de los denominados *feminismos de la igualdad* y *de la diferencia*, que tenían —y mantienen— planteamientos diferentes.

---

23. Wittig tituló: "Una no nace mujer", en obvia referencia a De Beauvoir, un ensayo de 1981 que está recogido en el volumen *El pensamiento heterosexual y otros ensayos* (2005).

El segundo sexo, al analizar y defender que la opresión y desigualdad que sufren las mujeres no se explica atendiendo a las diferencias biológicas entre los sexos sino que es un proceso sociocultural e histórico (en el que a las mujeres no se las reconoce como sujetos autónomos y libres, sino dependientes de los varones), habría potenciado, sobre todo, las ideas del discurso igualitarista[24].

Para Monique Wittig una de las cuestiones centrales, desde la perspectiva del feminismo materialista radical, es que la mayoría de las teorizaciones feministas (y lesbianas) están atrapadas en lo que De Beauvoir había llamado "el mito de la mujer". En *El pensamiento heterosexual*, que Wittig publicó en 1992[25], señala:

Nuestra primera tarea, me parece, es siempre tratar de distinguir cuidadosamente entre las "mujeres" (la *clase* dentro de la cual luchamos) y "la mujer", el mito. Porque "la mujer" no existe para nosotras: es solo una formación imaginaria, mientras que las "mujeres" son el producto de una relación social (Wittig, 2005: 38)[26].

---

24. Desde posiciones del feminismo de la diferencia también se ha retomado, no obstante, la obra de De Beauvoir. No es el caso, sin embargo, de Monique Wittig, muy crítica con los posicionamientos de la diferencia.
25. Este libro, que es una obra clave en el ámbito de la teoría feminista, lesbiana y *queer*, no fue traducido al castellano hasta 2005, cuando dos activistas y escritores *queer*, Javier Sáez y Paco Vidarte, se pusieron a ello. La traducción la publicó la editorial Egales, especializada en libros LGTBI+. *El género en disputa* de Butler tuvo que esperar once años (la primera traducción fue en 2001, publicada en México, gracias a la colaboración de la Universidad Nacional de aquel país, la UNAM), y así podríamos continuar con la lista de referencias fundamentales para las teorías feministas, *queer*, poscoloniales, analizando cuántos años se han necesitado para que se pudieran leer en castellano (o ni siquiera, y están todavía pendientes de ser traducidas).
26. El énfasis en el original para subrayar la idea de "clase" es mío. Para Wittig, las mujeres constituyen una clase social: están explotadas en el sistema patriarcal, al igual que la clase trabajadora en el capitalismo. Wittig critica, asimismo, que el marxismo significara para las mujeres la imposibilidad de tomar conciencia de que eran una clase y de constituirse en sujetos históricos. La idea de las "clases sexuales" ya la había apuntado Shulamith Firestone en su revelador *The Dialectic of Sex* (1970).

Las dos teóricas comparten asimismo la crítica a la idea de "la mujer" como concepto esencialista, y a la "trampa familiar de que 'ser mujer es maravilloso'" (Wittig, 2005: 36). Para Wittig, el "rescate" por una parte del feminismo de los aspectos que se consideraban más positivos de la construcción sociocultural del "ser mujer" no podía ser el punto de partida de ninguna lucha de liberación: "La ideología de la diferencia sexual opera en nuestra cultura como una censura, en la medida en que oculta la oposición que existe en el plano social entre los hombres y las mujeres poniendo a la naturaleza como causa" (2005: 22).

Monique Wittig planteó en *El pensamiento heterosexual* una revolución conceptual que tuvo un enorme impacto —y continúa— en los feminismos. Lesbiana anti-esencialista, analizó las categorías de sexo y género como construcciones sociales, poniendo en cuestión lo que ella denominó el "régimen heterosexual". Sus escritos literarios y sus ensayos políticos han tenido asimismo mucha influencia en figuras destacadas del ámbito de las teorías *queer*, como Teresa de Lauretis, Eve Kosofsky Sedgwick y Judith Butler.

Wittig dio algunos pasos más allá del trabajo de Beauvoir, incluyendo algunas cuestiones que no aparecen en la obra de la autora de *El segundo sexo*. La primera es que, para Wittig, el género no tiene nada de "natural", es decir, no existe *a priori*, antes de que exista una sociedad, ni está fuera de esta, pero tampoco el sexo. "Porque no hay ningún sexo. Sólo hay un sexo que es oprimido y otro que oprime. Es la opresión la que crea el sexo, y no al revés" (Wittig, 2005: 22). Las mujeres (y los hombres) no constituyen un "grupo natural", sino que se trata de una categoría política y económica (y, como tal, puede ser modificada), establecida para subordinar las mentes y los cuerpos de un sexo al otro. ¿Qué hacer entonces? Es necesario "destruir política, filosófica y simbólicamente las categorías ahistóricas de 'hombres' y 'mujeres'" (Wittig, 2005: 15), que se han presentado históricamente como "naturales". La crítica a la imposición de los binarismos —dos géneros, dos sexos— tampoco estaba en los trabajos de De Beauvoir:

Al admitir que hay una división "natural" entre mujeres y hombres, naturalizamos la historia, asumimos que "hombres" y "mujeres" siempre han existido y siempre existirán. No sólo naturalizamos la historia sino que también, en consecuencia, naturalizamos los fenómenos sociales que manifiestan nuestra opresión, haciendo imposible cualquier cambio (Wittig, 2005: 33).

La destrucción de las categorías existentes es, defiende Wittig, la estrategia de liberación que tienen que poner en marcha las mujeres si quieren pensar y cambiar, de manera radical, las cosas. La autora además señala, y esta es la tercera aportación más allá del trabajo de Beauvoir, que la heterosexualidad es el régimen político que facilita la opresión de las mujeres por los hombres. Wittig arremete contra la idea de que existen dos sexos por naturaleza y que las relaciones heterosexuales son las "naturales" y, por tanto, las legítimas (Wittig, 2005: 31-43). La heterosexualidad, más allá de la práctica sexual concreta, es el sistema que promueve la idea de la diferencia entre los sexos, y hay que destruirla si queremos acabar con esa lógica de dominación. La ruptura del contrato heterosexual es lo que hacen las lesbianas, fugitivas de su clase social (la de las mujeres) y de la dominación heterosexista. "Lesbiana es el único concepto que conozco que está más allá de las categorías de sexo (mujer y hombre), pues el sujeto designado (lesbiana) *no es* una mujer ni económicamente, ni políticamente, ni ideológicamente" (Wittig, 2005: 43).

Esta idea de superación de ambos géneros está también presente en el trabajo de teóriques trans* como Kate Bornstein, quien, en 1994, publicó *Gender Outlaw: On Men, Women, and the Rest of Us*, donde defendía:

Al examinar las supuestas diferencias inherentes a los hombres y a las mujeres ignoramos y aún negamos la existencia misma del sistema de los géneros. De este modo en último término lo mantenemos en su lugar. Pero el sistema de género en sí mismo —la idea misma de género— debe ser abolida. Una vez abolida, las diferencias caerán por sí mismas [...] El blanco ideal de una rebelión transexual triunfante sería el sistema de género en cuanto tal [...] La trampa para las mujeres es el sistema en sí: no son tanto los hombres los enemigos, sino el sistema bipolar de género, que deja a los hombres en un lugar de privilegio [...] Un tercer género es el término que pone en cuestión el pensamiento binario e introduce la crítica (citada en Echavarren, 2011: 10).

Este "tercer género" es la figura de la lesbiana en Wittig, que menciona Butler en el primer capítulo de *El género en disputa* (1990). En su desafío al heterofeminismo, lo que estaría proponiendo Wittig, a partir de la obra de De Beauvoir, es que "ni se nace mujer ni hay que llegar a serlo". Esta sería la "primera variación *queer* de la pionera obra de Beauvoir" (Pérez Navarro, 2010: 3). "En el caso de Wittig", señala Preciado (2005: 126), "el rechazo a incorporar la feminidad heterosexual termina por volver contra sí misma el proceso de metamorfosis del 'devenir mujer': en lugar de naturalizar los efectos de una opresión política, como hace Beauvoir, el 'cuerpo lesbiano' hace resaltar el carácter construido, la artificialidad, la monstruosidad del 'cuerpo femenino'".

ADRIENNE RICH: LA HETEROSEXUALIDAD COMO RÉGIMEN POLÍTICO

Desde la década de los ochenta, el feminismo lesbiano y, posteriormente, el feminismo *queer* evidencian la insuficiencia de la terminología igualdad y diferencia para analizar las desigualdades y discriminaciones existentes entre "mujeres" y "hombres"[27], y las exclusiones que se están produciendo de otros sujetos y cuerpos (marcados por elementos como la clase social, la raza, la opción sexual, la etnia) en los discursos y representaciones feministas. La declaración de Wittig "las lesbianas no son mujeres" significaba desplazar el punto de análisis y el cuestionamiento de algo que no se había planteado con anterioridad: la institución de la heterosexualidad obligatoria y cómo el género está configurado dentro del marco de la heteronormatividad. Como recuerda Turcotte, en el prólogo a *El pensamiento heterosexual* (2005: 10), aquella afirmación "vino a trastornar completamente todo el movimiento, teórica y políticamente". Esto es lo que Wittig (2005: 57) pronunció al final de aquella conferencia en Nueva York en 1978:

Y porque hablamos, como dice Lévi-Strauss, digamos que rompemos el contrato heterosexual [...] ¿Qué es la mujer? Pánico, zafarrancho general de la defensa activa. Francamente es un problema que no tienen las lesbianas, por un cambio de perspectiva, y sería impropio decir que las lesbianas viven, se asocian, hacen el amor con mujeres porque "la mujer" no tiene sentido más que en los sistemas heterosexuales de pensamiento y en los sistemas económicos heterosexuales. Las lesbianas no son mujeres.

La heterosexualidad como régimen político había sido, no obstante, ya analizada en los setenta por autoras como las lesbianas separatistas (Charlotte Bunch, entre otras). Wittig, por su parte, no defendía con la figura de "la lesbiana" una formación autónoma idealmente fuera del régimen de la

---

27. Utilizo el entrecomillado en esta ocasión para resaltar que son, como defiende Wittig, categorías políticas.

heterosexualidad, utópica, como en ocasiones le han criticado, sino como una demostración práctica en el aquí y ahora de que la división natural de los sexos, que es la base de la reproducción heterosexual, es, de hecho, artificial, es decir, política (Epps y Katz, 2007: 424). Esta es, precisamente, una de las muchas lecciones que aprendimos de Wittig: no se trata de reemplazar "mujer" por "lesbiana" y huir a comunidades aparte, fuera de la sociedad, sino de utilizar nuestra posición estratégica, como fugitivas, desertoras de nuestra clase, para destruir el sistema heterosexual. Dentro de algunos grupos de lesbianas y feministas (recuerdo algunas convocatorias político-festivas que nos llegaban hace años de países como Alemania, y que me he seguido encontrando) la traslación de la propuesta fue aquello de "lesbianas *y* mujeres". En el movimiento feminista del Estado español, la defensa de la radicalidad y de la autonomía lesbiana fue defendida, entre otras, por Gretel Ammann, que puso en marcha, junto con otras compañeras, la publicación —atención al título— *Amazonas*, más wittigiano imposible. Posteriormente, ya a comienzos de la década de los noventa, las lesbianas *queer* retomaron la defensa de que la estrategia política más eficaz contra el cisheteropatriarcado no es la huida separatista sino la autonomía y las micropolíticas (Trujillo, 2005).

En el análisis de la heterosexualidad como un régimen político de Adrienne Rich, hay precedentes importantes como el *Amazon Odyssey* de Ti-Grace Atkinson y los escritos de Audre Lorde. El mismo año, 1978, que Wittig pronunció la conferencia que acababa con la declaración "las lesbianas no son mujeres", escribió Rich su trabajo "Heterosexualidad obligatoria y existencia lesbiana" (1980). Este texto era una invitación al movimiento feminista a que analizara la heterosexualidad como una institución política impuesta a las mujeres, y no simplemente como un conjunto de prácticas sexuales, una mera "preferencia" u "opción" *libremente* elegida[28].

Para De Beauvoir (1989), por ejemplo, la heterosexualidad y el lesbianismo no difieren de manera radical: la sexualidad es fruto de la *libre* decisión; estaría entonces al margen del contexto socioeconómico y político en el que se desarrolla, las normas, los valores y las leyes que la sancionan, etc. Pero sabemos que no es así: no hay libre elección entre opciones sexuales, como si eligiéramos platos de un menú. La heterosexualidad se ha construido históricamente como la (única) sexualidad "natural" (no antinatural o enferma), respetable, legítima, visible, reconocida social y legalmente, como comenté en el primer capítulo.

Por su parte, el discurso del lesbianismo feminista, o feminismo lesbiano, intentó redefinir el lesbianismo con las herramientas teóricas feministas, alejándolo del estigma que recae sobre las sexualidades y los cuerpos lesbianos. Para esta corriente feminista, las mujeres (todas) comparten una serie de discriminaciones y sobre estas se construye la identidad colectiva que luego se despliega en los discursos y las movilizaciones. Para algunas feministas, como Rosi Braidotti (2000), es la categoría "mujeres" la que nos une, más que nuestras preferencias sexuales. El problema es que esta configuración identitaria en muchas ocasiones deja(ba) a las lesbianas y sus demandas en un segundo plano; en nuestro contexto esta subordinación disminuyó la potencialidad de la radicalidad lesbiana, que podría haber sido mucho mayor (Trujillo, 2008: 95-151).

La sexualidad está, para el lesbianismo feminista, subsumida en la categoría del género. La propuesta-declaración

---

28. No hay que olvidar que en Estados Unidos los conflictos entre las lesbianas y las heterosexuales marcaron una de las grandes divisiones dentro del movimiento feminista, un proceso que se conocía en el Estado español y que aquí trató de evitarse (Trujillo, 2008: 143).

de Wittig supuso entonces una invitación a considerar las cuestiones de "género" separadas de las de "sexualidad", como ya apuntó Gayle Rubin (1989): la teoría feminista no es el corpus teórico más adecuado a la hora de analizar cuestiones como el lesbianismo, la transexualidad o el trabajo sexual. En este trabajo, Rubin critica al feminismo lesbiano y advierte que las lesbianas son discriminadas no solo como mujeres sino también como *queers*, desviadas, perversas, situadas en posiciones bajas de la jerarquía sexual junto a los varones gais, los sadomasoquistas, las personas trans* o las trabajadoras del sexo.

EL 'PROLETARIADO DEL FEMINISMO' SE PONE EN PIE

A mediados de la década de los ochenta, las feministas se enfrentan al dilema de que el propio sujeto feminista, la Mujer, es algo necesario e imposible a la vez. Esta identidad colectiva, activada por las organizaciones políticas para movilizar a las mujeres en la pelea por el cambio social y legal, comienza a ser cuestionada por las voces que, desde los márgenes (hooks, 1984), hablan de las experiencias y realidades de *otras mujeres*, de las que estaban excluidas, las inapropiadas/ inapropiables: las negras, las pobres, las lesbianas, las putas, las chicanas y latinas, las travestis y las trans*. La categoría "mujer", punto de partida de las praxis y teorías feministas, y reflejo de experiencias de opresiones y discriminaciones comunes de las mujeres, no recogía cómo esas experiencias, cuerpos y vidas están atravesados por otros ejes de opresión como el color de piel, la clase social o la sexualidad, entre otras[29]. Como señaló Paul B. Preciado (2003),

---

29. En castellano se pueden consultar *Otras inapropiables. Feminismos desde las fronteras* (2004), y *Feminismos negros. Una antología* (2012), editada por Mercedes Jabardo, ambos publicados por la editorial Traficantes de Sueños.

Las multitudes *queer* no son posfeministas porque quieran o deseen actuar sin el feminismo. Al contrario. Son el resultado de una confrontación reflexiva del feminismo con las diferencias que este borraba para favorecer un sujeto político "mujer" hegemónico y heterocentrado[30].

En la antología titulada *This Bridge Called My Back: Writings by Radical Women of Color*, coeditada en 1981 por Cherrie Moraga y Gloria Anzaldúa, las teóricas y activistas lesbianas chicanas y negras llaman la atención sobre qué significa no ser blanca, ser pobre y ser lesbiana, y la imposibilidad (y gravedad) de tratar estas cuestiones como compartimentos estancos, unas aisladas de otras. En este trabajo colectivo, que marcó el inicio de la llamada "tercera ola del feminismo", "la mirada *queer* y decolonial se hacía presente con una radical lucidez" (Meloni, 2020: 101). Como escribieron las activistas del *Combahee River Collective*, la opresión de género no se puede separar de la dominación racista. Barbara Smith alertó asimismo en *Home Girls: A Black Feminist Anthology* (1983) del peligro de jerarquizar las opresiones, cuando lo que existe en la realidad social son múltiples "sistemas de opresión" que actúan de manera simultánea, en intersección y determinándose los unos a los otros. Las mismas jerarquías de raza, clase y sexualidad que atraviesan los cuerpos que denuncia, años después, la artista, activista y escritora boliviana María Galindo (2013), una de las cofundadoras de las combativas y geniales *Mujeres Creando*[31].

And still we rise, parafraseando a la poeta Maya Angelou. Las *otras* mujeres (negras, bolleras, trans*, trabajadoras del sexo, pobres, inmigrantes, ilegales...) reclaman, con voz propia, que se nombren y tengan en cuenta las diferencias

---

30. Texto disponible en internet, publicado originalmente en el nº 12 de la revista *Multitudes* (2003).
31. http://mujerescreando.org

entre las propias mujeres. Es una rebelión que ni se esperaba ni mucho menos se deseaba por parte de algunos sectores feministas, una crítica demoledora que procedía de lo que Virginie Despentes denominó el "proletariado del feminismo". De Lauretis, anteriormente, había acuñado el concepto de "sujeto excéntrico" (2003):

Llamé a ese sujeto excéntrico no solo en el sentido de que se desvía de la senda normativa, convencional, sino también ex-céntrico en el sentido de que no está él mismo centrado en la institución que sostiene y produce la mente heterosexual, esto es, la institución de la heterosexualidad. De hecho, la institución no preveía tal sujeto y no lo podía considerar, no podía imaginarlo.

La lesbiana de Wittig, ese sujeto universal crítico que está más allá de las marcas de género y sexuales, es la "hermana" de otras figuras de *sujetos excéntricos*, atravesados por múltiples diferencias, como la *queer* mestiza que habita en el cruce de identidades y culturas de Anzaldúa (1987), la *sister outsider* negra de Lorde (1984), el *cyborg*, entre humano y máquina, de Haraway (1984), el sujeto nómada de Braidotti (2000), la performatividad del género en Butler (1990)... Figuras híbridas, mutantes, que hablan de los límites de las categorías identitarias, de las fronteras, de las intersecciones (De Lauretis, 2000). Sujetos que resisten y subvierten el ideal de mujer establecido por la cultura y cuestionan la construcción de una identidad colectiva feminista no inclusiva ni empática con esas diferencias. Una concepción similar del sujeto, advierte De Lauretis (2003), estaba emergiendo en el marco de las teorizaciones poscoloniales. Se trata de, por ejemplo, la noción de *cultural hybridity* de Homi Bhabha y los estudios sobre el sujeto transnacional.

Desde esos otros feminismos lesbianos, negros, poscoloniales, también llamados "periféricos", se inicia, por tanto, la crítica radical al sujeto unitario del feminismo, blanco, burgués, eurocéntrico, desexualizado (Smith, 1983; hooks, 1984; Spivak, 1988, entre otras). Toda esa crítica, planteada por los colectivos de lesbianas negras, chicanas y latinas, moldearía el feminismo desde los años ochenta en adelante.

IDENTIDADES: FICCIONES POLÍTICAS Y 'HOGARES'

Uno de los desplazamientos centrales (De Lauretis se refiere al *displacement from home*, que traduciríamos aquí como "hogar" en el sentido de lugar "seguro", de identidad) surge de esos sujetos incómodos de los que el feminismo no esperaba ninguna reacción crítica. *Desidentificación* es la de las lesbianas que no son mujeres, la de los sujetos transgénero que no son ni mujeres ni hombres, la de los maricas que no son hombres. Estos cuerpos extraños, incómodos, oprimidos, son focos de subversión política, de resistencia y crítica del punto de vista supuestamente "universal", es decir, colonial, burgués, blanco y heterosexual. Es la otredad orgullosa, la anormalidad, la *queerness*, entendida como rareza, pero también, siguiendo a José Esteban Muñoz (2009), como insistencia en la potencialidad de otro horizonte, de otro mundo.

La idea butleriana (1990) de que las normas de género funcionan como un dispositivo productor de subjetividad sirvió como herramienta teórica para todo el espectro de excluides por esas normas. Las teorizaciones feministas y *queer*, en su conjunto, han contribuido a la apertura del espacio conceptual y vital a esas otras y otres, esos cuerpos y subjetividades diferentes. Esta es la proliferación de identidades y cuerpos abyectos a la que se refiere Butler (1990), que defiende la emergencia no tanto de un tercer género como de múltiples subjetividades en *otros* cuerpos. *Butch* o *femme*, trans*, *genderfuckers, queers*, no binaries, de género fluido, sujetos que *performan* la masculinidad (véase Halberstam, 1998) y muches otres que no solo no entran en la categoría mujeres, las verdaderas, femeninas, naturales, no raras, la "mujer-mujer", sino que huyen de ella. Que se escapan del contrato social cis-heterosexual. Si la *drag queen* de Butler habla de la *performance*, de la repetición de la norma y su resignificación constante, por otra parte, la guerrera, la amazona violenta, la lesbiana errante no-mujer de Wittig son figuras que estarían evocando más ese devenir *queer* entre cuerpos, afectos, prácticas sexuales no naturalizadas y por ello maleables, cambiantes, y subversivas.

El género es, como nos explicó Butler (1990, 2006), una actuación, un "hacer", no es un atributo que preexiste a esa acción. Pero, y esto es clave: no es tampoco una actuación aislada del contexto social en el que se realiza, sino que es reiterada y obligatoria, y tiene que ver con unas normas sociales que exceden al sujeto, con unas recompensas y castigos según nos adecuemos a esas normas o no. Dicho de otra manera, el género tiene una dimensión performativa (Butler, 2002): "actuamos" el género no siempre haciendo la *performance* que más nos apetece, sino obligades a cumplir una serie de normas genéricas que, por otra parte, se pueden resignificar. Y no son estas cuestiones baladíes, como desde ciertos sectores se argumenta: ser más o menos legibles a los ojos de la sociedad puede suponer enfrentarse a diferentes tipos de violencias, como expliqué en el primer capítulo.

El género sigue, sin embargo, atrapado en gran medida en la matriz heterosexual: los ideales de masculinidad y feminidad han sido construidos como cis-heterosexuales. En las políticas que, desde las instituciones, se dirigen a "la mujer" (como las relativas a la violencia "de género"), las lesbianas y las trans* no están: no son consideradas mujeres.

Cuando volvemos (una vez más) a hablar del sujeto político del feminismo, está bien recordar, como apuntó Butler (2002: 189), que "la deconstrucción de la identidad no es la deconstrucción de la política; más bien establece como políticos los mismos términos a través de los cuales la identidad es articulada".

CAPÍTULO 4
PARA RADICALES, NOSOTRAS: LA IMPORTANCIA DE (RE)CONOCER NUESTRAS GENEALOGÍAS

Este capítulo gira en torno a dos ideas fundamentales: por un lado, la necesidad de rastrear las huellas de nuestras genealogías. Como escribió Walter Benjamin en su *Tesis sobre el concepto de historia* (1942), la historia está escrita desde el punto de vista de les vencedores, y necesitamos escribirla desde el punto de vista de les vencides. Por otra, no podemos hablar de "lo *queer*" sin referirnos también a los activismos. En las críticas actuales (que, por cierto, no mencionan ninguna autora ni referencia *queer*) se refieren a "lo queer" como una abstracción, alejada de la realidad, algo individualista, que encaja muy bien en el contexto neoliberal ("Bollera no es una marca, es un desorden global", decíamos en las *manis* hace unos años). Por eso es fundamental que conozcamos no solo las aportaciones teóricas, sino qué ha pasado en nuestro contexto con los grupos *queer*: cuándo surgieron, qué demandas les han movilizado en la calle, qué alianzas han puesto en marcha, qué acciones llevaron a cabo, etc. El activismo *queer* de los noventa, que retomó el hilo radical de los años setenta (Trujillo, 2008), fue, a su vez, el preámbulo del transfeminista, posporno, pornopunk, transmaricabollo, etc., que despegó en la década siguiente de los dosmil: una constelación de grupos y redes que continúa bastante activa hoy en día.

Las prácticas políticas y la crítica *queer* tienen una genealogía, una historia (y un presente) en nuestro contexto, como la tienen también los rechazos y hostilidades a todos sus planteamientos cuestionadores (Soley-Beltrán y Sabsay, 2012). En el contexto del Estado español, durante bastante tiempo el relato sobre el surgimiento de las políticas *cuir* (término que se ha utilizado para reivindicar esa necesaria contextualización precisamente) fue el estadounidense, un reflejo de la hegemonía de los análisis de Norteamérica en este ámbito. Es importante, por tanto, contextualizar y conocer los procesos del surgimiento y desarrollo de las políticas *queer*, y producir un conocimiento crítico sobre y desde lo *queer*/cuir en el sur de Europa (Trujillo y Santos, 2014).

En la actualidad, el sector "radfem" se ha atribuido la etiqueta de feminismo "radical", llegando a tergiversar las aportaciones de esta corriente para justificar la exclusión de las mujeres trans* del movimiento feminista. Hay que disputarles esa etiqueta: el feminismo radical tiene una genealogía muy potente que también es nuestra. Es cierto que tuvo una deriva, el denominado "feminismo cultural", que tenía unos tintes esencialistas tremendos, pero la corriente radical continuó, y muchas de las grandes activistas y teóricas que leemos y admiramos formaron parte de ella (Shulamith Firestone, Kate Millet, Monique Wittig). Además, que se inventen otra etiqueta para su feminismo excluyente. Para radicales, nosotras.

ECHANDO LA VISTA ATRÁS

Con "radical" me refiero, además de a ir a *la raíz* de la discriminación, a la corriente no moderada de la protesta sexual, los colectivos que no solicitan subvenciones, ni persiguen demandas legales ni tienen jerarquías de cargos, entre otras cosas. Los que se dirigen hacia abajo y miran hacia los márgenes, a la gente que puede estar quedándose fuera, y no hacia arriba, a las instituciones, al poder.

Como apuntó Anne Marie Jagose (1996), el activismo *queer* comparte con el movimiento de liberación homosexual de los años setenta la creencia en la necesidad de una transformación o liberación social a gran escala. Frente a la sección moderada de la protesta sexual, "el movimiento *queer* se ubica en los márgenes, y sus objetivos no se agotan en las cuestiones 'relevantes' como la negociación institucional, las pautas de consumo rosa o la presencia incuestionada en los media" (Llamas y Vila, 1997: 223). Una de las críticas más importantes de los grupos *queer* del Estado español va dirigida a un movimiento de gais y lesbianas posibilista que, en los años noventa, empieza a entrar paulatinamente en la arena política institucional, y a centrar la mayor parte de la movilización y de los recursos en la obtención de avances legales.

La radicalidad de los grupos que se autodenominan *queer* se refleja(ba) en sus discursos, en sus representaciones, en el repertorio de acciones que llevaron a cabo y en las formas organizativas. A comienzos de la década de los noventa, no solo el activismo sexual y feminista sino las organizaciones de izquierdas, en general, están sumidas en el debate reformismo *versus* radicalidad. Las formas clásicas de hacer política, jerarquizadas y con un elevado coste para les militantes (en cuanto al tiempo dedicado a reuniones y actividades, por ejemplo) empiezan a cuestionarse. La Radical Gai y LSD se organizan de forma asamblearia, sin jerarquías de cargos, en un modelo de militancia mucho más flexible en relación con la asistencia a las reuniones y las tareas dentro del grupo, que se concibe como una suma de individualidades más que como un ente compacto en el que todas las activistas se involucran en todas las acciones. Son grupos autónomos, en conexión con el feminismo de base y algunos colectivos vecinales; la *urgencia* en la intervención política les acercó también a movimientos sociales como el okupa o el antimilitarista, aunque estos no siempre fueron "receptivos a los mensajes y estrategias que desde LRG y LSD se lanzaban: el heteropatriarcado parecía sentirse cómodo en la mayoría de los hombres, y en muchas de las mujeres que los componían" (Carrascosa y Vila, 2005: 51).

El activismo *queer* es anti-separacionista al mismo tiempo que anti-asimilacionista (Trujillo, 2005). Bolleras y maricas *queer* defienden que la práctica política no se sitúa en el afuera político al entender que "los instrumentos de lucha contra el régimen heterosexual provienen de la heterosexualidad misma" (Bourcier, 2000: 15). Frente al poder la estrategia no puede ser la "huida" al refugio separatista, sino la resistencia[32]. Sus objetivos se centran en el desarrollo de micropolíticas desde los márgenes, sin una base identitaria homogénea, y renunciando a intervenir en los circuitos de la "gran política" tradicional (Bourcier, 2000: 14 y 15). A lo político, muy relacionado con lo afectivo (como en los grupos de afinidad anarquistas), se suma lo lúdico. Ya lo dijo Emma Goldman en su día: "Si no puedo bailar, tu revolución no me interesa".

LOS REBELDES (Y DIFÍCILES) AÑOS SETENTA Y OCHENTA

Michel Foucault (2006: 22) prefería hablar de genealogías que de Historia, en singular y con mayúscula: "Llamamos

---

32. La concepción del poder de Michel Foucault es uno de los elementos centrales de las teorías y prácticas *queer*. El poder es entendido no como el conjunto de instituciones que garantizan la sujeción de las personas, sino como una red compleja de relaciones susceptibles de producirse en todas partes. Un poder que no se adquiere sino que se ejerce y, en palabras de Foucault (1977: 116), "donde hay poder hay resistencia, y no obstante (o mejor: por lo mismo), esta nunca está en posición de exterioridad respecto del poder".

genealogía al acoplamiento de los saberes eruditos y las memorias locales, acoplamiento que permite la constitución de un conocimiento histórico de las luchas y la utilización de ese saber en las tácticas actuales". Huyendo de los relatos que plantean recorridos lineales, con inicios y fines, en esa búsqueda de huellas con las que reconstruir las genealogías de la protesta sexual nos encontramos una serie de fotos, artículos de prensa, testimonios, investigaciones e incluso un documental, rodado por José Romero Ahumada, *¡Abajo la Ley de Peligrosidad!* (1977)[33]. Estas fuentes nos cuentan que, el 28 de junio de aquel año, alrededor de 4.000 personas se manifestaron por las Ramblas barcelonesas y acabaron corriendo perseguidas por los grises. Esos "invertidos", como los denominaba la Ley de Peligrosidad y Rehabilitación Social (LPRS), aprobada en 1970, se habían organizado ya en la clandestinidad del régimen franquista en el Movimiento Español de Liberación Homosexual (MELH). Este primer grupo, creado en 1971, fue el embrión del Front d'Alliberament Gai de Catalunya, puesto en marcha en 1975 y que convocó aquella primera manifestación.

Las reivindicaciones de los Frentes de Liberación Homosexual, que comenzaron a surgir entonces por todo el Estado español, eran la revolución social y sexual frente a la marginación y contra las instituciones sostenedoras de una cultura represora, como la familia, la Iglesia, la escuela y el Estado burgués. Para hablar de liberación era necesario que desaparecieran las categorías de heterosexualidad-homosexualidad, activo-pasivo, masculino-femenino, y la sociedad que las creaba[34]. Estas demandas, leídas hoy, suenan bastante

---

33. Escenas de este documental pueden verse en el primer capítulo, "Amarillo: peligrosos y enfermos", de la serie *Nosotrxs somos*, que documenta 40 años de movilización gay, lésbica y trans* en España. Los siete capítulos de la serie están disponibles en el siguiente enlace: http://www.rtve.es/playz/nosotrxs-somos

34. Véase la compilación de Rafael Mérida (2010), *Manifiestos gays, lesbianos y queer*, publicada en Icaria.

actuales (y vigentes): se trata de los cuestionamientos de los binarismos sexuales y genéricos que vuelven a reivindicar los activismos y teorías feministas y *queer* desde comienzos de los noventa, en los que se oyen los ecos de aquellas proclamas revolucionarias. Cuando se acercan los días de la manifestación del Orgullo, los medios generalistas publican artículos en los que suelen referirse a la revuelta de Stonewall, en la ciudad de Nueva York en 1969, pero nuestras genealogías políticas tienen más que ver con aquellas Ramblas del 77 (y con el Pasaje Begoña de Torremolinos[35]) y las manifestaciones que vinieron después que con las revueltas del otro lado del océano, aunque se recurriera a aquella fecha simbólica para convocar la protesta. La LPRS de 1970 incluyó a la homosexualidad en la lista de los "peligros sociales", junto con la prostitución, la mendicidad, el tráfico y consumo de drogas, el vandalismo, etc. Que esto sucediera un año después de las revueltas de Stonewall (y dos después del Mayo francés) da cuenta de cuál era la situación aquí y el nivel de hostilidad legal y social hacia todo lo que se escapaba del régimen de la heterosexualidad, del machismo, de la familia tradicional y del puritanismo sexual (Trujillo y Berzosa, 2019). La ley preveía una serie de medidas de "cura" y tratamiento, y con ese fin se crearon dos centros de rehabilitación, uno en Huelva para homosexuales activos y otro en Badajoz destinado a los pasivos (sic), aunque la mayor parte de las condenas se cumplieron en cárceles convencionales. En el caso de las mujeres, solo tenemos noticia de dos expedientes, uno de los cuales hace referencia a la homosexualidad y el otro no, pero este hecho no significa que las lesbianas y mujeres bisexuales disfrutaran de una libertad mayor. Que dos (o más) mujeres

---

35. En 2018 se puso en marcha la Asociación "Pasaje Begoña" para recuperar la memoria histórica de este lugar: www.pasajebegona.com

pudieran tener relaciones sexuales y afectivas plenas y satisfactorias, de manera autónoma, era algo impensable para los legisladores; tan inconcebible, literalmente, que ni siquiera las incluyeron en la ley para controlarlas y reprimirlas. La represión hacia las lesbianas se llevó a cabo por otras vías: a muchas las denunció gente de su entorno, familiar o laboral, acabaron expulsadas de sus casas, de sus pueblos, internadas en conventos o en sanatorios psiquiátricos, sometidas a tratamientos de "rehabilitación" como *electroshocks*, entre otros. No acabaron presas por lesbianas, pero encerrarlas en psiquiátricos fue otra forma de privarles de libertad, de encarcelarlas[36].

En aquel contexto de represión, las activistas lesbianas se unieron al resto de peligroses sociales en las manifestaciones que reclamaban la despenalización de los actos homosexuales, la amnistía, la legalización de sus organizaciones políticas y el fin de las redadas policiales. Con la derogación de la LPRS, en 1979, los Frentes entraron paulatinamente en un proceso de desmovilización, que discurrió en paralelo al desarrollo de espacios comerciales de ocio para gais (varones), el denominado "ambiente" que empezaba a desarrollarse en ciudades como Madrid, Barcelona, Sevilla, Valencia o Bilbao. A las activistas lesbianas, el movimiento feminista, aglutinado en torno a importantes y urgentes reivindicaciones como la consecución de la despenalización de los anticonceptivos, del adulterio y el aborto, les ofrecía un corpus ideológico y una plataforma donde organizarse, y muchas se sumaron entonces al feminismo organizado (Trujillo, 2008). También fue importante la corriente autónoma, con activistas como la mencionada Ammann, que se definía como feminista radical y lesbiana separatista. Esta corriente

---

36. La película española *Electroshock* (2005), basada en hechos reales, narra el internamiento de una lesbiana en un psiquiátrico durante el régimen franquista.

fue muy crítica no solo con la "doble militancia" (en el movimiento y en los partidos) de algunas activistas, sino con la marginación de las demandas, discursos y representaciones de las lesbianas dentro del propio feminismo. De hecho, no será hasta 1989 cuando los colectivos de feministas lesbianas orienten una parte de su actividad política a sus propias demandas. Tres años antes, en octubre de 1986, la policía detuvo a Arantxa y Esther por besarse en la Puerta del Sol, y las llevó a la que había sido la temida Dirección General de Seguridad (DGS); ellas denunciaron que allí las maltrataron[37]. La respuesta de las activistas lesbianas, acompañadas de compañeras heterosexuales, fue organizar una besada en la Puerta del Sol, que fue la primera de la historia feminista y lesbiana en el Estado español. La convocatoria fue un éxito, y medios nacionales e internacionales recogieron la noticia y fotos de los múltiples besos (Trujillo, 2008).

En 1988 se derogó el delito de escándalo público (artículos 431 y 432 del Código Penal) con el que se detenía a la gente por besarse o mostrar afectividad en público. La LPRS no desapareció completamente hasta el 23 de noviembre de 1995, aunque desde 1979 se eliminasen varios artículos, entre ellos el referente a los "actos de homosexualidad". La "peligrosidad", sin embargo, continúa operativa para excluir y criminalizar de manera preventiva a los cuerpos migrantes, no blancos, precarizados, a los que, en muchos casos, se trata como antes a les peligroses sociales (Mora, 2021: 132).

---

37. En la serie *Nosotrxs somos*, que he mencionado anteriormente, en el capítulo 6 ("Violeta: la revolución lesbiana") se puede ver una breve entrevista actual a Arantxa.

'LA PRIMERA REVOLUCIÓN ES LA SUPERVIVENCIA'[38]

"Nuestra identidad sexual no la entendemos como una aséptica preferencia sexual, sino como una opción política tal como las *queer* las definen: 'Yo soy *queer*. Yo no soy heterosexual y no quiero que mis relaciones estén legitimadas por el mundo heterosexual. Yo soy *queer*, yo soy diferente'."

LSD, *Non Grata* (1994)

Grupos como Lesbianas Sin Duda y La Radical Gai, que fueron los primeros en autodefinirse como *queer* en nuestro contexto, realizaron acciones conjuntas para denunciar la pasividad de las instituciones ante la crisis del SIDA o las agresiones homófobas. Se trata de una generación de activistas más jóvenes que leía y traducía textos de otros idiomas, y que hizo posibles una serie de contactos e intercambios con activistas *queer* de otros países. De esta manera, y como explicó Edward Said (1983: 226), las teorías viajan como lo hace la gente, y se transforman y se resignifican en los contextos locales. El *tráfico* de ideas y experiencias políticas con grupos *queer* de Francia, Inglaterra y Estados Unidos *contagió* los discursos y las acciones políticas del activismo ibérico. Esto se vio reflejado, por ejemplo, en la incorporación del modelo de acción directa y denuncia de grupos como ACT-UP, o las Lesbian Avengers, como comenté en el capítulo 2. El activismo *queer* rompe con la oposición entre lo teatral y lo político, a través de la práctica de los *die-ins* o los *kiss-ins* en la calle (Butler, 1993). En nuestro contexto, no obstante, las besadas las habían inaugurado las feministas lesbianas a finales de los ochenta, como mostré anteriormente.

Al contrario de lo que se suele argumentar como crítica a las prácticas *queer* (¿qué hacemos con la lucha colectiva si

---

38. Eslogan de La Radical Gai en la portada de su revista *De un plumazo* (1994).

70

acabamos con las identidades?), estos activismos defienden la importancia de las identidades, entendidas como única forma de resistencia (Vidarte y Llamas, 1999), y, al mismo tiempo, la definición y redefinición de estas como estrategia política. Más allá de una política estrictamente "lesbiana" o "gay" o "trans", reclaman un activismo transversal a las distintas opresiones. *Queer* no es *una* identidad, sino una interrogación crítica de las identidades. Frente a las discriminaciones y ante la necesidad de crear redes y construir comunidad(es), la estrategia no puede ser entonces la negociación institucional, orientada a la consecución de derechos específicos. Como apunta Llamas (1998: 372), "la igualdad es rechazada, no sólo como ficticia (habida cuenta de los aparatos de represión y discriminación más o menos institucionalizados), sino además como indeseable". Y, sin embargo, aunque estos grupos no estuvieran interesados en las reformas legales como objetivos prioritarios, sus movilizaciones en la calle contribuyeron a acelerar la consecución de estos cambios (Trujillo, 2008). En otras palabras, el cuestionamiento de la heterosexualidad como régimen político, la denuncia de las múltiples desigualdades y violencias, y la movilización frente a la pandemia del SIDA han sido fundamentales no solo para la protesta sexual sino para el cambio social en general.

INSPIRACIONES POLÍTICAS

La autodefinición como *queer* o desviade de la heteronormatividad significó retomar la genealogía radical del feminismo y la movilización sexual. El cambio en las representaciones y los discursos frente al feminismo más "clásico" e institucional en el contexto español fue muy llamativo, y aquí fue muy importante el relevo generacional que se produjo, como mencioné anteriormente. Ante la desexualización e invisibilización por parte del propio movimiento feminista (y la sociedad en general, incluidos los medios de comunicación), los grupos de lesbianas *queer* contestaron con una multitud de acciones, escritos, *performances*, fiestas... haciendo visibles otras corporalidades, identidades, deseos y prácticas de bolleras, transgénero, *kings*, *butch-femme* y un amplio etcétera. Los grupos *queer* critican la construcción de unas identidades no inclusivas y, *al mismo tiempo*, defienden la proliferación de las categorías identitarias. Utilizan sus posiciones de sujetos estigmatizados, desviados, para resistir y movilizarse a través de micropolíticas en conexión con otras luchas como las trabajadoras del sexo, las migrantes trans*, o las diferentes mareas de colores que han tomado las calles en la última década. Esto es a lo que Butler se ha referido como "un ejercicio de agencia performativa que es plural, social y basada en coaliciones" (Soley-Beltrán y Sabsay, 2012: 224).

Más allá de la mera celebración y/o recuperación del pasado y de estos años de lucha y avance colectivos, es importante que nos preguntemos cómo nos interpelan en el momento actual los activismos de los setenta y los años de la (nada pacífica) Transición, y cómo pueden contribuir a activar contrarrelatos, discursos críticos y nuevas formas de imaginación política, que tanto necesitamos. Es necesario y urgente (re)conocer nuestras genealogías subalternas y hacerlo de manera contextualizada, así contrarrestamos los peligros de universalizar "lo *queer*", y de tergiversar sus recorridos y aportaciones[39]. Hay que seguir ahondando en el conocimiento de las genealogías *queer*/cuir y transfeministas siguiendo el hilo de los debates y aportaciones desde América Latina

---

39. Sobre el caso de Estados Unidos, véase el trabajo de Susan Stryker, *Historia de lo trans. Las raíces de la revolución de hoy* (2016).

hacia este lado del charco sin dar "por sentado ni el concepto *queer* ni el de *América Latina*" (Falconí, Castellanos y Viteri, 2014: 11); cómo han ido influyendo los múltiples intercambios y *tráficos* de ideas y experiencias políticas y culturales, a través de las personas migradas que viven en el Estado español (y las que se marcharon para allá) y que son activistas y/o trabajan en estos ámbitos, entre otros canales.

Hoy en día nos siguen sobrando los motivos para salir a la calle, pensando desde lo local a lo global (y vuelta): que no nos agredan ni nos maten, que se respete a nuestras familias, que no se acose a les chavales diferentes en los centros escolares, ni al profesorado, entre otras muchas demandas. Que, como decían en aquella pancarta de la primera manifestación del Orgullo, que bajó orgullosa las Ramblas de Barcelona en 1977, nos dejen vivir en paz. En estos tiempos de crisis continuada del sistema capitalista, de pandemia global, colapso ecológico y avance de las fuerzas neoconservadoras, el reto sigue estando en pensar más en objetivos comunes que en identidades fijas, en alianzas y coaliciones de luchas, aunque sean puntuales, y en seguir fortaleciendo nuestras comunidades político-afectivas. Y en esta línea, recordar las prácticas políticas de los Frentes de liberación sexual de los setenta, que defendían la necesidad de aglutinar a la gente y las alianzas con otras luchas (las "confluencias" actuales), nos puede ser muy útil hoy en día como inspiración política para seguir defendiendo los derechos y libertades que costó décadas conseguir.

CAPÍTULO 5
ACTIVISMOS TRANSFEMINISTAS Y CUIR/*QUEER* EN LA ÚLTIMA DÉCADA

> "El prefijo 'trans' no significa solo no-binario, sino, sobre todo, no anquilosado, no antagonista. Abierto, promiscuo, ágil, generoso, aventurero."
>
> ITZIAR ZIGA, *Transfeminismos. Epistemes, fricciones y flujos* (2013)

En las páginas anteriores he señalado la importancia de contextualizar los análisis de los activismos *queer*, atendiendo a las especificidades de cada momento y lugar. En nuestro caso, los feminismos *queer* tienen una historia de continuidades con la radicalidad de los años setenta (y las travestis, trans*, lesbianas y gais que se movilizaron entonces), y también de rupturas a comienzos de los noventa con unos colectivos gais que no reaccionaron ante la crisis del SIDA, y con cierto feminismo lesbiano. Digo *cierto* porque el lesbianismo feminista, que peleó durante toda la década de los ochenta y gran parte de los noventa (y en algunos casos, continúa hasta hoy), ha sido heterogéneo, plural, como el movimiento feminista en su conjunto, y no toda esta corriente tuvo los mismos posicionamientos. Por otra parte, las mujeres trans* y las trabajadoras sexuales están presentes en el movimiento feminista desde mediados de la década de los noventa[40].

La vida política de La Radical Gai fue corta (unos pocos años) pero intensa. Lo mismo sucedió con LSD, que se disolvió finalmente en 1998. Dos años más tarde se organiza

---

40. En 1995 se organizó el Colectivo Hetaira, en defensa de los derechos de las prostitutas: https://colectivohetaira.org

en Madrid Las Goudous, algunas de las cuales editamos posteriormente el fanzine *Bollus Vivendi*, seguido por otros muchos proyectos políticos activistas *queer*/cuir y feministas, pornopunk, transfeministas, etc., a lo largo y ancho del Estado español, como el Grupo de Trabajo Queer (GTQ), del que también formé parte, La acera del Frente o Migrantes Transgresoras, en Madrid; Post-Op, M.A.M.B.O., Quimera Rosa y la Guerrilla Travolaka en Barcelona; Medeak en Donosti y las Maribolheras Precarias de A Coruña, las 7menos20 de Vitoria-Gasteiz, el Bloque Andaluz de la Revolución Sexual, y otros tantos por toda la geografía ibérica.

Los grupos cuir (GTQ entre ellos) y las lesbianas feministas de Barcelona fueron de las pocas voces críticas que cuestionaron el viraje de agenda política del movimiento LGTB a finales de los años noventa y comienzos de los dosmil. En aquel momento se modificó la demanda de la ley de parejas de hecho, que tenía un recorrido político de unos años, por la del matrimonio. El marco de la protesta fue entonces el de la igualdad y los derechos humanos, y los discursos del movimiento *mainstream* se fueron desexualizando (Calvo y Trujillo, 2011), mientras se subrayaban ideas como la "normalización" de la diferencia sexual, opuesta totalmente a los grupos *queer* y transfeministas, en los que me detendré a continuación.

'AQUÍ ESTÁ LA RESISTENCIA TRANS'

Los transfeminismos son el resultado de la convergencia entre el movimiento por la despatologización de las identidades trans*, y el impacto de los activismos *queer* en diferentes espacios del feminismo autónomo (Pérez Navarro, 2018). Como escribió Miriam Solá (2013: 19), el pensamiento y activismo *queer* "se ha asentado en nuestro contexto, y en su interacción con el feminismo, el lesbianismo, el movimiento marica y las luchas trans, ha favorecido la conexión de toda esta serie de formas organizativas". De esa confluencia, uno de los rasgos definitorios del transfeminismo "será la apertura crítica de las políticas feministas del sujeto único en dirección a una alianza entre una multiplicidad de corporalidades, géneros y posicionamientos subjetivos" (Pérez Navarro, 2018: 24).

Igual que "lo *queer*" fue una vuelta al buen rollo en los feminismos, el transfeminismo, aglutinado en sus inicios en torno a la campaña internacional STOP Patologización Trans 2012, (nos) reactivó a los grupos *queer*/cuir. La campaña, iniciada en el 2008 e impulsada en nuestro contexto por la Red por la Despatologización de las Identidades Trans del Estado español[41], tenía como objetivo que la transexualidad se retirara de los manuales de enfermedades mentales y se reconociera el derecho a cambiar el nombre y sexo en los documentos oficiales sin tener que pasar ninguna evaluación médica ni psicológica, como exige la Ley de Identidad de Género de 2007. A estas demandas hay que sumar la transfobia institucionalizada en el ámbito sanitario, educativo, en los medios de comunicación, etc., y las múltiples violencias y los crímenes de odio a los que se enfrenta la gente trans*. "La transfobia nos enferma", "No somos disfóricas, estamos eufóricas" fueron (y son) algunos de los lemas en las movilizaciones.

En 2009, los grupos que se autodenominan transfeministas leyeron su *Manifiesto para la insurrección transfeminista* en las Jornadas Feministas Estatales celebradas en Granada (ciudad donde se habían organizado 3o años antes, en 1979)[42]. El término transfeminismo se había utilizado ya en

---

41. En el origen del movimiento pro-despatologización fue clave el surgimiento de la Guerrilla Travolaka en Barcelona en 2006 (Fernández y Areneta, 2013: 5).
42. El *Manifiesto Transfeminista* de la RedPutaBolloNegraTransFeminista se puede leer aquí: http://ideadestroyingmuros.blogspot.pt/2009/12/manifiesto-para-la-insurreccion.html. Sobre transfeminismo se pueden consultar *Transfeminismos. Epistemes, fricciones y flujos* (2013) y la obra colectiva *Transfeminismo o barbarie*, entre otras referencias.

las Jornadas Feministas Estatales celebradas en Córdoba en el año 2000, en dos ponencias: "El vestido nuevo de la emperatriz", del Grup de Lesbianes Feministes de Barcelona, y en "¿Mujer o trans? La inserción de las transexuales en el movimiento feminista", de la pionera trans* Kim Pérez, pero 2009 fue el punto de inflexión de muchos procesos que venían gestándose en aquellos años. "En un gesto de desplazamiento geopolítico" recuerda Solá, "pero *cercano* a los postulados *queer*, el concepto "transfeminista" está siendo reivindicado por algunos colectivos trans-bollo-marica-feminista surgidos en los últimos años en el Estado español. Un conjunto de microgrupos han reclamado esta palabra, que suena mejor en castellano que el término *queer*" (2013: 19).

El transfeminismo se considera heredero del feminismo radical (y, como este, defiende la no jerarquía dentro del movimiento, la interseccionalidad de las luchas, las micropolíticas), y también se ha visto influido por la lucha travesti latinoamericana: "Hablamos de transfeminismo para incluir todos los otros cuerpos, afectos, dentro de una lucha feminista autónoma y anticapitalista, aquí estamos todxs contra el patriarcado, contra la exclusión binarista arcaica de la dicotomía hombre-mujer"[43]. El prefijo trans- hace referencia a las personas transexuales y transgénero, y también a la necesaria *trans*versalización de luchas, el *trans*itar las diferentes opresiones, *trans*fronterizo contra las actuales políticas migratorias; *Trans*formador: "Transformar-transmutar-trastocar-transponer-translucir-transnochar, queremos hablar de recreación y cambio de nuestras micropolíticas, desde nuestras comunidades y manadas, desde nuestro cotidiano".

---

43. Manifiesto Transfeminista-Transfronterizo, "Transformando feminismos, transformando fronteras" (2010), disponible en https://sindominio.net/karakola/IMG/pdf_Manifiestofinal2.pdf

Las reivindicaciones políticas de los grupos y redes transfeministas apuntan a la necesidad de acabar con los binarismos sexo-genéricos y las exclusiones que producen, y ponen en el centro la experimentación sexual en múltiples corporalidades (como se puede ver en las *perfos* de Post-Op, por ejemplo), reclamando una sexualidad placentera para otros cuerpos y una mirada crítica con el cisheterosexismo, el racismo y el capacitismo[44]. Cuestiones centrales para el transfeminismo son los derechos de las trabajadoras sexuales[45], la crítica a la monogamia como única forma de organización de los deseos y los afectos, la gordofobia, el antiespecismo, y esa otra pornografía posible y autogestionada: el posporno.

Tras el encuentro transfeminista de Barcelona (abril de 2010) se fue evidenciando el distanciamiento de los grupos transfeministas del activismo por la despatologización trans. De las Jornadas Transfeministas que se celebraron en la Universidad Internacional de Andalucía (Sevilla) en noviembre de 2010 guardo algunas notas que escribí, entre otras esta: "El transfeminismo como un lugar común que sea operativo, entre el feminismo, la lucha LGTBI y la *queer*, que pertenezca a todas". Sam Fernández y Aitzole Araneta reflexionaron sobre estas tensiones en su texto "Genealogías transfeministas" (2013: 46), proponiendo "un corte en dos periodos de la historia del movimiento trans(feminista): el surgimiento y consolidación del movimiento trans prodespatologización (2006-2010), y la consolidación del movimiento transfeminista (2010-2013)". Unos años después, en 2018, se

---

[44]. Sobre diversidad funcional se puede consultar *Teoría crip. Signos culturales de lo queer y de la discapacidad*, de Robert McRuer, cuya versión en castellano ha publicado recientemente Kaótica Libros. El documental *Yes, we fuck* (2015) o los vídeos posporno "Nexos" o "Habitación", entre otros, giran en torno a las sexualidades y personas con diversidad funcional.

[45]. Véase el trabajo de Juno Mac y Molly Smith (2020), recientemente traducido al castellano.

organizaron las Jornadas "Una revuelta trans" en Barcelona, planteadas como una apuesta por el diálogo y una celebración de los años de lucha colectiva.

'SOMOS TODAS PERRAFLAUTAS'

Cuando andábamos de jornada en jornada transfeminista, llegó el tsunami del 15-M, la creación de las asambleas feministas y transmaricabollos en muchas ciudades, las mareas ciudadanas de diferentes colores dependiendo de qué estuviéramos defendiendo de los zarpazos de las políticas neoliberales (la sanidad, la educación, el derecho a la vivienda o los servicios sociales) durante la "crisis-estafa", las Marchas de la Dignidad, y las innumerables protestas a las que nos fuimos sumando, haciendo frente a una represión policial que iba en aumento.

Algo similar a lo que sucedió con la preferencia por el término "transfeminismo" frente al *queer* pasó en 2011, cuando se puso en marcha la Asamblea Transmaricabollo de Sol (ATMB de aquí en adelante), de la que formé parte[46]. Se debatió el nombre entre varias posibilidades, considerando, finalmente, que "transmaricabollo" era la expresión que más se acercaba no solo a nuestro contexto, sino al carácter malsonante, injurioso, del término *queer*. Mientras el término "transfeminismo" se difundió en su momento, entre otras cosas, porque conservaba la referencia al feminismo, es cierto que "transmaricabollo" suena peor en castellano, acercándose más a esa connotación original de "lo *queer*". En todo caso, transfeminista, transmaricabollo, cuir, kuir, etc., aluden a la misma constelación de activismos de base, autogestionados, anticapitalistas y antirracistas.

---

46. En el blog de la ATMB se pueden consultar los manifiestos, textos, fotos de acciones y *performances*: http://asambleatransmaricabollodesol.blogspot.com

Como sucedió en otras plazas del Estado español, y en otros *occupy* de otros contextos, las activistas feministas y cuir tuvieron que enfrentarse a varios conflictos mientras intentaban encontrar su propio espacio en la Acampada Sol madrileña, y en el 15-M en general[47]. La diversidad de la gente que se sumó al 15-M en términos de clase social, edad, identidades sexo-genéricas, estatus legal, etnicidad, raza, etc., junto con diferentes trayectorias en cuanto a socialización política, explica cómo convivieron entonces discursos críticos de altos vuelos, acciones y propuestas a cada cual más creativa e interesante, con actitudes sexistas, homófobas, racistas, etc. Conflictos como el de la pancarta que colgaba en la Puerta del Sol ("La revolución será feminista o no será") y que fue retirada de forma violenta, o las denuncias de agresiones a compañeras que se quedaron a dormir en los inicios de la acampada evidenciaron todo el trabajo que era necesario hacer, no solo del 15-M hacia el resto de la sociedad, sino desde la lucha feminista y *queer* hacia la acampada misma. Esta doble dirección de la lucha es la que también llevaron a cabo les activistas *queer* durante la ocupación del Parque Gezi en Estambul en 2013: el trabajo pedagógico hacia el interior del movimiento confrontando las actitudes homófobas y sexistas, mientras batallaban contra las políticas neoliberales, simbolizadas en el plan para construir un centro comercial en aquel parque (Trujillo, 2019). Para el activismo feminista ocupar su propio lugar político dentro del 15-M fue una batalla frente al sexismo dominante, mientras la protesta

---

47. Sobre los feminismos dentro del 15-M se puede consultar el trabajo colectivo *Revolucionando. Feminismos en el 15-M*, entre otros. Catherine Eschle (2018) ha escrito, por su parte, sobre el caso de *Occupy Glasgow*, mostrando cómo las activistas feministas se sintieron traicionadas. Estas activistas calificaron la trayectoria de aquella acampada como una "tragedia", indicando todo el trabajo que quedó pendiente para que las futuras movilizaciones contra las políticas de austeridad fueran más inclusivas y se pudieran sostener más en el tiempo.

transmaricabollo no tenía tampoco un espacio político asegurado desde el comienzo, ni mucho menos, no solo en relación con el 15-M sino con el propio feminismo. El espacio de las disidencias sexo-genéricas fue algo que se tuvo que ganar (Pérez Navarro, 2014).

Desde el 2011, muchas nos empeñamos (y en esas seguimos), desde asambleas como la Transmaricabollo de Sol, en defender que teníamos que estar en todas las concentraciones, *manis*, huelgas, etc. El 28-J, Día del Orgullo Crítico, salimos a manifestarnos, y en el 8-M y en el Octubre Trans, pero nuestra lucha no son solo esos días, son todos. Lo cuir y transfeminista no es una movilización aparte, centrada en unas pocas demandas, sino que lo atraviesa todo. La asamblea se ha movilizado por la despatologización de las identidades trans*; el control y/o modificación de nuestros cuerpos y sexualidades; los derechos reproductivos; el VIH/SIDA; la educación sexual; la lucha por los derechos de ciudadanía para todes; por los derechos de las trabajadoras del sexo y domésticas; la denuncia de las agresiones homófobas; y la despolitización y mercantilización de la manifestación del Orgullo, entre otras cuestiones. Pero no *solo* salimos a las calles por estas reivindicaciones, sino también contra los recortes en la educación pública, la sanidad ("No son recortes, son ejecuciones") y los servicios sociales, la reforma laboral, la Ley Mordaza, los desahucios, la crisis de les refugiades, el apoyo a Palestina, etc. (Trujillo, 2016). Esta orientación *transversal* del discurso y la actividad continua dentro de la protesta general tenía pocos o ningún precedente en la historia del activismo *queer* en el Estado español (Pérez Navarro, 2014).

La presencia de esta asamblea *queer* y transfeminista en todos los espacios políticos posibles, y la crítica, en clave de humor, al machismo y la homofobia dentro y fuera de los movimientos sociales, han contribuido al proceso de ruptura crítica con el sujeto hegemónico de las protestas sociales

(Trujillo, 2019). Esto ha sido posible a través de la intervención de los grupos feministas y cuir en la protesta global desde su posición de sujetos visiblemente generizades, sexualizades y racializades, y, al mismo tiempo, comprometides contra las diferentes formas de exclusión[48]. La ATMB ha *queerizado* la protesta social, incluyendo el 15-M, con su inversión performativa de la injuria ("Somos todas perraflautas") y su uso del lenguaje feminizado[49], la música y el teatro en la calle (como la parodia para recibir a *Frau* Merkel), las sentadas de protesta en medio de los "desfiles" del Orgullo, o las besadas. El uso de las actuaciones (*performances*), la parodia, la música, el humor... se ha revelado como una herramienta muy efectiva para la movilización social[50].

'NUESTROS DERECHOS NO SON UN NEGOCIO'

Al hilo de la genealogía radical, que voy recorriendo en este libro, hay que sumar los Orgullos críticos que han ido surgiendo en varias ciudades en los últimos años. En Madrid, la Plataforma del Orgullo Crítico, que se define como "anticapitalista, autogestionada, transfeminista, asamblearia, antirracista, horizontal, antiespecista, apartidista, anticolonialista, antifascista, anticlasista y anticapacitista", denuncia fenómenos actuales como el *pinkwashing* o el homonacionalismo[51].

---

48. Sobre estas cuestiones ha reflexionado Butler en uno de sus últimos trabajos (2017).
49. Gracias al trabajo de asambleas feministas como Feminismos Sol, las Feministas Indignadas de Barcelona, las Setas Feministas de Sevilla, entre otras, el 15-M utilizó el femenino plural en asambleas, textos, comunicados, etc. El uso de este plural se defendió no solo como una forma lingüística más inclusiva sino como una manera también de cuestionar el sexismo y la homofobia del lenguaje en general (Grenzner *et al.*, 2012).
50. Un ejemplo de los muchos disponibles en cuanto al uso del humor, en clave *queer*, es el siguiente texto: http://madrid.tomalaplaza.net/2012/02/18/transmaribolleras-al-borde-de-un-ataque-de-nervios
51. https://orgullocritico.wordpress.com

El germen del Orgullo crítico madrileño fue el Bloque Alternativo para la Liberación Homosexual (BALS), que se organizó en 2007 como respuesta al *Europride* y que englobaba varios colectivos como el Grupo de Trabajo Queer, Panteras Rosas, Towanda, Liberacción, RQTR y el colectivo feminista Lilas, entre otros. A lo largo de estos años esta plataforma se ha ido llamando de diferentes maneras, además de Orgullo Crítico: Indignado, coincidiendo con el comienzo del 15-M, o Toma el Orgullo después. Una de las cuestiones que nos planteamos en sus inicios, y así hicimos, fue recuperar la fecha del 28 de junio, cargada de simbolismo activista a nivel internacional, para celebrar nuestra manifestación de protesta frente a la oficial, que en esos años ya comenzaba a estar peligrosamente invadida por una multitud de carrozas de bares y empresas gais, el llamado "capitalismo rosa", que nos dejaba poco espacio a los grupos políticos. En los Orgullos Críticos, por otra parte, las migrantes racializadas nos han interpelado a las blancas, con una llamada a estar atentas al racismo y la colonialidad de las prácticas y teorizaciones feministas *queer*[52].

---

52. Véase *No existe sexo sin racialización*, del colectivo Ayllu (2017).

CAPÍTULO 6
HAY QUE PONER FIN A LAS *SEX WARS* ACTUALES

"Diversas pero no dispersas."

MARIELLE FRANCO

Las políticas identitarias funcionan compartimentando las movilizaciones: el aborto es una lucha del movimiento feminista, la despatologización trans es de los colectivos trans*, y así sucesivamente. En los "debates", o mejor dicho, combates actuales sobre si las mujeres trans* son mujeres, y si el trabajo sexual es trabajo, vemos cómo ambos son elementos que difícilmente se pueden considerar por separado, ya que el trabajo sexual es, en muchas ocasiones, una forma de supervivencia para las mujeres trans[53]. Con los activismos feministas, cuir, antirracistas, venimos desbordando desde hace tiempo las políticas identitarias (y al sujeto hegemónico de la izquierda, el obrero blanco, masculino, heterosexual), movilizándonos no tanto en función de una identidad como de unos objetivos compartidos. Como explica Butler en esta entrevista:

Las coaliciones que se necesitan para luchar contra la injusticia deben atravesar las categorías identitarias [...] En todas estas agrupaciones y coaliciones, la movilización política se centra en los objetivos

---

53. A vueltas con esta cuestión, véase la entrevista de Nuria Alabao a Miquel Missé: https://ctxt.es/es/20200901/Politica/33413/Nuria-Alabao-Miquel-Misse-entrevista-activismo-trans-prostitucion-sexo-genero.htm

de las políticas, no en las posiciones identitarias de quienes toman parte en ellas. Creo que lo que estamos viendo es un ejercicio de agencia performativa que es plural, social y basada en coaliciones (Soley-Beltrán y Sabsay, 2012: 224).

Estas demandas, por otra parte, comparten muchos elementos entre ellas, como la autonomía corporal y decisional: nuestros cuerpos son nuestros y queremos decidir qué vidas queremos vivir[54]. A esto hay que sumar nuestra reivindicación de poner los cuidados y la vida en el centro, siendo conscientes de nuestra inter (y eco) dependencia, condiciones fundamentales en nuestra pelea por unas vidas *vivibles*[55].

Si ya veníamos haciendo hincapié en estos temas desde hace años, la pandemia del coronavirus los ha hecho todavía más urgentes. Nuestras demandas y luchas feministas y *queer*/cuir, transfeministas, transmaricabollos, no tienen nada de "marginales" o "particulares". Además, como ya explicaron las lesbianas negras y las chicanas en los años ochenta, no podemos pensar la clase, la raza, la etnia, la sexualidad, etc., en función de una jerarquía, ni tampoco por separado.

Este desbordamiento o ampliación desde los márgenes del sujeto de las luchas y de las políticas identitarias ha sido clave en el éxito movilizador de los feminismos de los últimos años. Actualmente, un sector del movimiento feminista argumenta que esta ampliación del sujeto del feminismo supone el "borrado de las mujeres"; al mismo tiempo, diseñar propuestas legislativas como la relativa a la autodeterminación de género (la conocida como "Ley Trans") supone volver a pensar en sujetos e identidades menos fluidas.

---

54. Sobre esta cuestión escribí un artículo para la revista *Viento sur*, disponible en https://vientosur.info/mi-cuerpo-es-mio-parentalidades-y-reproduccion-no-heterosexuales-y-sus

55. A vueltas con todos estos temas, y otros, recomiendo leer la interesante conversación de Virginia Cano y Laura Fernández Cordero con Judith Butler, publicada con el título de *Vidas en lucha* (2019).

"Las realidades trans", señala Dau García, "problematizan en qué se asienta el sujeto 'mujeres' y activan el miedo a su disolución. Me interpela cómo politizar esa paradoja: seguir necesitando y movilizando un sujeto 'mujeres' múltiple y la deconstrucción del dualismo" (2019: 29). Doce años después de las Jornadas de Granada (¡cómo pasa el tiempo!) podemos decir que uno de los logros de los activismos cuir y transfeministas, ha sido el desbordamiento de la categoría "mujer", que nos ha servido para comprender las diferentes opresiones que vivimos en este sistema cisheteropatriarcal, racista y capitalista, y para pensarnos y movilizarnos no tanto alrededor de una identidad sino de objetivos comunes, para los cuales es necesario buscar alianzas y coaliciones puntuales con otros grupos sociales. En el momento actual de auge de las ideas fascistas, los movimientos que luchan por el cambio social deberíamos unirnos, pero no a expensas de los derechos de los grupos más vulnerados, como las personas trans*.

FEMINISMOS IMPARABLES EN LAS CALLES

En estos últimos años, los feminismos, la movilización LGTBI+, *queer*/cuir y la antirracista están siendo el mayor dique de contención frente al giro conservador y el auge del neofascismo en muchos contextos. El #EleNão de Brasil, las manifestaciones contra Trump, el movimiento Black Lives Matter, las movilizaciones feministas por el derecho al aborto en Polonia o en Argentina, o los últimos 8-M multitudinarios en nuestro contexto, son solo algunos ejemplos. Los últimos 8-M, especialmente el de 2018, en que muchas secundamos todas las huelgas posibles (de consumo, laboral, educativa y de cuidados), han sido multitudinarios. Varias razones lo explican. El entonces ministro Gallardón contribuyó a activar nuestras redes feministas en 2014 cuando salimos a frenar la modificación de la ley del aborto y el retroceso que quería aprobar. Lo paramos gracias a estar en la calle, con toda la gente aliada que se sumó. Como suele suceder, aquello no venía de la nada: el 15-M nos había hecho reencontrarnos a muches que veníamos de espacios y colectivos anteriores y que confluimos con toda la gente que se sentó en las plazas (muchas mujeres jóvenes, entre otres). Las acampadas finalizaron semanas después de aquel mayo de 2011, pero las asambleas, las redes, los contactos, los afectos continuaron... en algunos casos hasta hoy. En el contexto de aquellas movilizaciones contra la reforma de la ley del aborto se organizó también en Sevilla la "Procesión del Coño Insumiso", que fue denunciada por la asociación Abogados Cristianos por un delito de odio. Tres activistas fueron procesadas por aquella denuncia (ha habido varios casos más de protestas en los últimos años en las que feministas han acabado imputadas por delitos contra los sentimientos religiosos y/o delitos de odio). Las sevillanas fueron felizmente absueltas en 2019[56].

Después de Gallardón, en 2016 el caso de "La Manada" nos volvió a sacar a la calle ("Hermana, yo sí te creo") en diferentes protestas por todo el Estado en las que compartimos nuestra indignación y rabia colectiva. Ese mismo año, en solidaridad con Juana Rivas en la disputa por la custodia de sus hijes se organizaron numerosas manifestaciones y protestas con el *hashtag* #JuanaEstaEnMiCasa. El caso de Rivas alcanzó un gran eco mediático, no como otros litigios de mujeres que están denunciando retiradas de tutelas basadas en el "síndrome de alienación parental" (SAP), término usado por perites, abogades y trabajadores sociales. Como han denunciado los colectivos feministas, el SAP no tiene ninguna

---

56. La noticia de la absolución puede leerse aquí: https://elpais.com/sociedad/2019/10/11/actualidad/1570794401_277315.html

base científica y ha sido rechazado por múltiples instituciones, sobre todo por su uso como factor determinante para una medida tan drástica como una retirada de custodia. Las mujeres migrantes también vienen denunciando las retiradas arbitrarias por parte de los servicios sociales de las custodias de sus hijes. Las denuncias de agresiones sexuales y de la ausencia de unas condiciones laborales dignas por parte de las temporeras de Huelva ha sido otra de las cuestiones que ha movilizado las redes feministas, junto con la violencia de género. El uso de eslóganes como el argentino #NiUnaMenos o #NosQueremosVivas evidencia la conexión de las redes y luchas feministas a nivel internacional contra esta otra pandemia que es la violencia contra (todas) las mujeres y los sujetos feminizados. A estos temas hay que sumar el reconocimiento de los derechos de las trabajadoras domésticas[57], y la organización de las mujeres migrantes y racializadas[58], que han participado en encierros (*tancadas*) antirracistas en Barcelona en los últimos años, y han creado comisiones dentro de las huelgas del 8-M. Una de las cuestiones que ha atravesado los feminismos en los últimos años es precisamente la crítica antirracista al feminismo blanco (y a la ley de extranjería), junto con la lucha de las trabajadoras sexuales. Ambos temas diferencian al feminismo institucional, hegemónico, del feminismo o feminismos de base, autónomos y autogestionados. Para estos últimos, como comenté en el capítulo anterior, la lucha antirracista y los derechos para el trabajo sexual son dos reivindicaciones políticas centrales.

---

57. Una de las redes que lleva años (desde 2006) peleando esta cuestión es "'Territorio doméstico". Las mujeres que la integran utilizan estrategias como las canciones o los desfiles en la calle para hacer llegar a la gente sus demandas.
58. Como el caso de TIC TAC, en Barcelona, "un taller autónomo de análisis e intervenciones críticas transfeministas antirracistas", cuya información se puede consultar en http://www.intervencionesdecoloniales.org; o el colectivo Afroféminas, entre otros: https://afrofeminas.com

¿POR QUÉ DICEN 'TEORÍA *QUEER*' CUANDO QUIEREN DECIR 'AUTODETERMINACIÓN DE GÉNERO'?

En nuestro contexto, en estos últimos años, llama mucho la atención la insistencia en los antagonismos entre teorías *queer* y feminismo. Los discursos del feminismo ilustrado en la academia, o del feminismo autodenominado "radical" en las calles, señalan como grandes enemigos del feminismo a la teoría *queer*, las mujeres trans* y la interseccionalidad. Nada más lejos de la realidad, claro[59].

En junio de 2019, en un curso sobre temas de género en la universidad, un alumne me preguntó qué pensaba yo de las TERF, si me parecían muy peligrosas o no. Le contesté que no me parecían tantas, pero que las oímos bastante por las broncas que generan y la difusión de estas últimas por las redes sociales. Aproveché para explicarle a la clase entera que el movimiento feminista en el Estado español no tiene una historia de transfobia como sí ha sucedido en otros contextos (uno de los más conocidos es el de Estados Unidos). Puede haber habido casos puntuales, comentarios, etc., pero no es este un tema que haya generado división, históricamente hablando, ni mucho menos (el que sí lo ha hecho es el de la prostitución/trabajo sexual). Las mujeres trans* se incorporaron al movimiento feminista a mediados de los noventa, como expliqué en el capítulo anterior, y llegaron para quedarse.

Unas semanas después de aquella clase, ironías del destino, fue la Escuela de Verano "Rosario Acuña" (Gijón), en la que vimos a varias de las feministas con más poder, más asentadas en las instituciones desde hace años, decir cosas que no solo no tienen ningún fundamento sino que son puro lenguaje de odio contra las personas trans* (¡y qué

---

[59]. Sobre estos conflictos, véase Robles (2021).

peligrosas cercanías tienen con los discursos de la extrema derecha!). Como apunta Javier Sáez (2020: 168):

Me llama la atención que esta postura [trans-excluyente] repite frases y argumentos que ya decían algunas TERF de EE UU de finales de los setenta como Janice Raymond —en su libro *The Transsexual Empire*—, frases como "borrar a la mujer", "trans acechando en los baños de mujeres", "hombres que se hacen trans para evitar una condena por violación"... Eso no ha existido nunca, parece un corta y pega de acusaciones muy antiguas de aquella época, que no tienen ningún sentido en el contexto español actual.

Defender que la teoría *queer* es, así, en general, sexista o misógina es bastante sorprendente. Esto no significa no hacer una lectura crítica de "lo *queer*", que en ocasiones es algo demasiado blanco, anglo y academicista, como expliqué al comienzo de este libro. Esa crítica la compartimos y la hacemos muches, pero estos argumentos anti-*queer* son diferentes, no entienden de matices, y no hacen más que alimentar el enfrentamiento del feminismo con "lo *queer*" y LGTBI+. No considerar las fértiles intersecciones entre los feminismos y las teorías y políticas *queer* significaría suprimir mucho de lo mejor de las voces feministas: las de Cherríe Moraga y Gloria Anzaldúa, feministas lesbianas chicanas, que nos hablan desde la frontera, desde su ser mestizas y estar atravesadas por la clase, la raza y una sexualidad diferente; las de feministas lesbianas negras como Barbara Smith o Audre Lorde; o las de Teresa de Lauretis, Judith Butler o Eve Kosofsky Sedgwick, entre muchas otras. Todas esas voces feministas *queer* han aportado infinidad de reflexiones a nivel teórico y de práctica política, en múltiples lugares, en un recorrido que cuenta con varias décadas ya.

DENUNCIAR LOS DISCURSOS DE ODIO, RETOMAR EL DIÁLOGO

> "La supervivencia no es una asignatura académica."
>
> AUDRE LORDE, *La hermana, la extranjera* (2003)

Mientras termino de escribir este libro, los debates (y conflictos) feministas y LGTBI+-*queer* giran en torno al proyecto de Ley Trans, el concepto de consentimiento que aparece en el anteproyecto de ley orgánica de libertad sexual, la prostitución/trabajo sexual, los "vientres de alquiler"/gestación subrogada, y los límites y riesgos de defender un feminismo punitivista, entre otros. El feminismo trans-excluyente no solo se opone a incorporar a las mujeres trans* dentro del movimiento de mujeres (o del colectivo mismo), sino que es un feminismo excluyente en términos amplios. Es contrario, desde el privilegio, a distintas formas de autonomía corporal, al derecho a la autodeterminación de género, a las demandas de las trabajadoras sexuales… Los argumentos para defender sus posiciones excluyentes con las mujeres trans* giran en torno a que son estas mujeres quienes se excluyen ellas mismas (sic), al defender unos objetivos que no son los del feminismo. De ahí que sea más interesante, según este feminismo, tanto teórica como estratégicamente, que formen otro grupo, con el que eventualmente "el feminismo" puede hacer alianzas puntuales.

Como apuntamos una compañera argentina, Moira Pérez, y yo (2020), se está defendiendo que las demandas de colectivos trans*, y "lo *queer*" "borran a las mujeres", como si los derechos no pudieran pensarse más allá de las etiquetas identitarias y como si las conquistas de estos grupos no implicaran un avance para *todas* las personas, incluidas las mujeres (también las TERF). En estos últimos años nos hemos concentrado mucho (y con razón) en los peligrosos ataques por parte de grupos religiosos y anti-derechos que hablan de "ideología de género", pero es importante que tengamos presente que estos discursos de odio también están viniendo de ciertos sectores del feminismo, y que ambos movimientos tienen unas posiciones cada vez más cercanas. El feminismo trans-excluyente está defendiendo unas ideas muy similares a la derecha conservadora e incluso la ultraderecha, como sucedió en los años ochenta durante las *sex wars* en Estados Unidos con el tema pornografía: un sector feminista, que defendía la censura, se alió con posiciones conservadoras[60].

¿Por qué este ignorar de manera premeditada "lo *queer*", esta aversión, este desprecio? En realidad, nada de esto es nuevo, a algunas nos suena de hace bastante tiempo. El rechazo a los planteamientos cuir, transfeministas, tiene que ver con que suponen una crítica a un feminismo institucional, blanco, aposentado en sillones académicos y de otras esferas del poder, que no deja paso, que instrumentaliza la lucha para conseguir réditos electorales (y de otros tipos) y que ahora se revuelve para defender sus privilegios (de clase, entre otros). Es un enfrentamiento por la hegemonía en los feminismos, por el relato. Es toda una guerra al feminismo autónomo, de base, que está en la calle más potente que nunca.

El de las TERF es un feminismo que fue bollófobo, como dice una amiga, y, como eso ahora ya queda regular, es tránsfobo, y continúa con su putofobia. Sigue marcando límites y fronteras en torno a la identidad "mujer": las trans*, las

---

60. Sobre esta cuestión se puede leer *Placer y peligro: explorando la sexualidad femenina*, la compilación de Carole Vance que recogía las posiciones denominadas anti-sexo y pro-sexo en la década de los ochenta en Estados Unidos (esta traducción al castellano se publicó en 1989). Sobre la *sex war* que está sucediendo en nuestro contexto actual: https://www.elsaltodiario.com/pensamiento/nuria-alabao-feminismo-espejo-conservadurismo

racializadas y las migras, las *kellys*, las gitanas y tantas otras incómodas son, aquí y ahora, las "otras", las que se quedan fuera. Qué lejos están estos planteamientos de la "casa de la diferencia" soñada y propuesta por Audre Lorde, qué poca solidaridad y empatía muestran algunas con otras mujeres y sujetos feminizados. Las teorías *queer* nos han brindado herramientas para pensar, en clave interseccional, más allá de los binarismos y habilitar espacios para esas "otras"; difícil echar esto atrás ahora, por no decir imposible. Intentar, además, enfrentar a movimientos (el feminista frente al LGTBI+-*queer*) no es nada estratégico en el contexto actual, con la que está cayendo. Como nos recuerda Nuria Alabao (2020: 147):

La extrema derecha mundial —que se aglutina bajo la batalla contra la "ideología de género"— lo tiene muy claro: la reacción es simultánea contra los derechos de las mujeres —sexuales y reproductivos fundamentalmente, pero también otros— y los de las personas LGTBI+Q —matrimonio, adopciones, Ley de Identidad, etc.—. Ellos no hacen distinciones, perciben muy claramente lo conectadas que están estas luchas.

Este feminismo trans-excluyente nos quiere hacer volver (¡otra vez!) al debate sobre el sujeto político del feminismo como si nada hubiera pasado en todos estos años. Ese sujeto monolítico ("la mujer", es decir, blanca, heterosexual, de clase media, etc.), hegemónico en los discursos y representaciones feministas, ha sido cuestionado y se ha ido ampliando desde hace mucho tiempo: las lesbianas desde los ochenta en adelante, a las que siguieron las jóvenes, las migrantes, las racializadas, las gitanas, las trabajadoras sexuales, y las trans*, entre otras. Hacernos volver ahora a los discursos sobre la diferencia sexual entre mujeres y hombres, a los binarismos, a la política identitaria... sería como ir hacia atrás, y a pasos agigantados. Sobre todo, después de tantos años de activismos y propuestas teóricas *queer*, cuir, kuir, transfeminista, transmaricabibollo, que han contaminado y atravesado a los feminismos para hacerlos más inclusivos con las diferencias, más críticos y más atractivos (para las generaciones más jóvenes, y no solo). El feminismo es la casa de todas, de todes, o no es. Su éxito movilizador en los últimos años tiene que ver con haber ampliado el sujeto de nuestra lucha, las demandas feministas, con pensar y actuar en clave interseccional, con articular alianzas, con empatizar, con estar al lado les unes de las otras y viceversa, escuchando, sin robar la voz ni victimizar ni violentar a nadie. El feminismo tampoco tiene una tradición punitivista; ojo con defender estas ideas que nos pueden acabar haciendo un flaco favor.

Actualmente nos encontramos frente a una reacción cisheteropatriarcal, a nivel global, contra los avances de la lucha feminista, LGTBI+, *queer*, migrante y antirracista. Nuestras resistencias, por otra parte, cada vez tienen más carácter internacionalista (Gago, 2019). Estos últimos años hemos aprendido mucho colectivamente, sobre nuestras vulnerabilidades y sus potencialidades políticas. En el momento actual de avance de los sectores neoconservadores, con el neoliberalismo agudizando las desigualdades, no deberíamos dividirnos y debilitarnos, sino, como escribió Audre Lorde, reconocer y celebrar nuestras diferencias. Juntas somos poderosas. Los discursos de odio no son tolerables, vengan de donde vengan. Es urgente que acabemos con estas *feminist wars*. Como ha escrito Sara Ahmed, "cuando hablamos con alguien, abrimos la posibilidad de una respuesta; un ir y venir. Feminismo: ir y venir, un diálogo, un baile, una oportunidad, lo que tenemos que hacer para existir" (2019: 185).

Ir y venir. Retomemos el diálogo, negociando los disensos, más allá de broncas partidistas (como la de Unidas Podemos y el PSOE, actualmente en el Gobierno) y de batallas por la hegemonía en el feminismo.

CAPÍTULO 7
Y 'LO QUEER', ¿PARA QUÉ SIRVE?: REFLEXIONES DESDE Y PARA (AGITAR) EL ÁMBITO EDUCATIVO

> "Al entrar al aula con la determinación de borrar el cuerpo y entregarnos por entero a la mente, mostramos a través de nuestro ser cuán profundamente hemos aceptado el supuesto de que la pasión no tiene lugar en ese espacio."
>
> BELL HOOKS, *Pedagogías transgresoras* (2015)

En los capítulos anteriores he analizado la compleja y problemática relación entre algunas posiciones feministas y las formas críticas de "lo *queer*", tanto en la dimensión teórica como en la práctica y activista. También he mostrado cómo las intersecciones entre otros feminismos y las teorías y activismos *queer* (es decir, los feminismos *queer*) han sido —y continúan siendo— terrenos muy fértiles para pensar cuestiones urgentes en nuestros días como la violencia de género, el trabajo sexual, la intersexualidad, las demandas trans*, las formas alternativas de familias y parentesco, y las relaciones no monógamas, entre otras. Todas ellas se verían beneficiadas si lográramos pensarlas conjuntamente, buscando poner en marcha alianzas, en vez de enfrentar a ciertos grupos feministas con los activismos *queer*. ¿Cómo podemos activar el pensamiento y la acción feminista *queer*? ¿Cómo pensar más allá de identidades acotadas y defendidas con muros insalvables? Este sigue siendo uno de los retos que tenemos en los feminismos *queer*.

En este capítulo final muestro una de las "utilidades" de "lo *queer*": cómo pensar de otra manera, gracias a las epistemologías *queer*, un ámbito tan lleno de normas y regulaciones como es el educativo.

UN HABITAR *QUEER* DEL ESPACIO EDUCATIVO

En la compilación *Pedagogías transgresoras* (2015), las autoras reflexionan sobre cómo uno de los principios centrales de las pedagogías críticas, y, en concreto, las feministas (y) *queer*, ha sido la insistencia en no reforzar la división mente/cuerpo. Esta es una de las cuestiones que hizo —y así continúa— de los Estudios de Género un espacio subversivo en la academia. Pensar de manera diferente los géneros, las sexualidades, los cuerpos, los deseos... nos puede llevar a vivir de forma diferente. La búsqueda del conocimiento que nos permite unir teoría y práctica es una de esas pasiones. En la medida en que nosotres, como docentes, traigamos al espacio educativo esa pasión, ese amor por las ideas que somos capaces de inspirar, ese espacio se vuelve un lugar dinámico donde se pueden transformar las relaciones sociales y donde desaparece la falsa dicotomía entre el mundo externo y el interno de la academia.

La invitación es a pensar apasionadamente en la micropolítica escolar y cotidiana, los otros relatos por hacer y escribir, los otros cuerpos, relaciones y conocimientos por construir; de modo que se estreche la distancia entre hacer un análisis *queer* y un habitar *queer* del espacio escolar, signada por la propia corporalidad (flores, 2008)[61].

En mis clases de Sociología de la Educación, que es una asignatura de los grados de Educación, les puse a mis alumnas de Educación Infantil el vídeo *Un vestido nuevo* (y aquí digo *alumnas* para subrayar el hecho de que todos los años

---

61. val flores, "El armario de la maestra tortillera. Políticas corporales y sexuales de la enseñanza", disponible en http://escritoshereticos.blogspot.com/2009/07/el-armario-de-la-maestra-tortillera.html

son casi la totalidad de mi clase, más que feminizada; esto, de hecho, es algo que les propongo analizar sociológicamente durante el curso)[62]. Este corto de 14 minutos muestra la historia de Mario, que tiene alrededor de seis años, que va al colegio un día con un vestido (rosa) de su hermana. Ese día es carnaval, y de él se espera que lleve un disfraz de dálmata, como el resto de la clase, para la fiesta que va a haber por la tarde. Mario va al colegio ya desde por la mañana con otro *disfraz* (a fin de cuentas, la manera en la que nos vestimos es nuestra forma de mostrarnos al mundo, nuestra especie de disfraz). Al entrar y sentarse en su mesa se hace el silencio en el aula. La maestra, joven, le pregunta, en tono inquisitivo, nada más verle: "Mario, ¿qué estás haciendo?". El chaval no contesta. Y ella entonces le dice, como aclarándole a la clase: "Vas vestido de niña". Otro alumno, sentado al final, le insulta: "Maricón". La maestra se lleva a Mario del aula al despacho del director del centro. Cuando este le pregunta a la profesora por qué va el niño vestido así, esta al final acaba respondiendo que "la verdad es que no parece pasarle nada", a lo que el director le indica que cambie al niño y que él hablará con su padre. Acto seguido aparece este a llevarse a Mario, y lo primero que le dice es que qué hace con la ropa de su hermana. El director trata de aclarar con el padre la "confusión": el centro ya había avisado a las familias de que el carnaval era por la tarde. En ese momento, se ve a la maestra, que está recogiendo la mochila de Mario de la clase y ve que dentro está el disfraz de dálmata. Mario no está confundido. Mientras tanto, el padre, medio molesto con las preguntas del director, le acaba diciendo que "viene de niña porque le gusta disfrazarse". Mario espera fuera, acompañado de otra alumna, que es su amiga, quien le explica que

---

62. El vídeo está disponible *online* en el siguiente enlace: http://www.youtube. com/watch?v=JMakydiop7o&feature=kp. En este capítulo amplío las reflexiones que comencé en "Pensar desde otro lugar, pensar lo impensable. Hacia una pedagogía *queer*" (2015), publicado en *Educaçao e Pesquisa*, pp. 1527-1540.

no se puede vestir de niña, que eso es "ilegal". Lo han hecho en casa de ella, y pintarse las uñas de colores, pero todo eso fuera de esa intimidad no se puede. Al final, el padre acaba llevándose al chaval del cole, cubriéndole con su chaqueta de traje, en una mezcla de gesto cariñoso y avergonzado. Y "problema" resuelto.

El corto da para comentar infinidad de cosas, entre otras el fracaso colectivo de varias personas adultas, que representan al colegio y a la familia, ante Mario. Pero me llamó la atención, cuando lo revisaba en casa preparando la clase, algunos de los comentarios que había dejado la gente en YouTube sobre qué bien estaba tratado el tema de la homosexualidad, qué difícil es ser un menor trans* en la escuela, etc. Cuando pregunté a mi clase, alrededor de setenta chicas y tres chicos, qué nos contaba el vídeo, las respuestas fueron, como era de esperar, en esta línea. Aproveché para *queerizar* el tema: no, no sabemos si *es* homosexual o no. Tampoco si *es* transexual. ¿En qué momento Mario dice algo así? La historia solo nos cuenta que va al colegio con un vestido de su hermana porque le gustan las "cosas bonitas", como explica él. ¿Y qué hubiera pasado, por cierto, si hubiera llevado el vestido para ponérselo por la tarde? ¿En la fiesta de carnaval le habrían dejado en paz, si se hubiera *leído* el vestido como un disfraz? Vuelvo a la cuestión que me parece central: no sabemos más de sus gustos sexuales, de cómo se definiría, si tuviera que hacerlo (¡tiene seis años!). No nos está "descubriendo" su identidad de género o sexual, que hemos deducido ya rápidamente que no es "normal" *porque* lleva un vestido rosa. Pero ¿por qué necesitamos meterle rápidamente en una "caja" o en dos? Ah, es trans*. O es gay. Bueno, algo raro le pasa, si lleva un vestido de su hermana... "¿Cómo es que un trozo de tela crea este lío que nos cuenta el vídeo?", les pregunto. Y sigo: "¿El problema es Mario o la escuela?". Aquí ya creo que no saben muy bien ni qué contestarme. Y soy consciente, mientras les hago estas preguntas, que les estoy provocando más dudas que certezas, que no les estoy explicando las definiciones de "homosexual", "transexual", "transgénero", "cisexual", como tal vez esperarían, para que copien unas líneas en su cuaderno o en el portátil. Pueden intuir que el vídeo va sobre la "homosexualidad" porque su profesora habla de estas cosas en clase. La cuestión es que van a trabajar en Educación Infantil y si, habitualmente como docentes, tenemos una gran responsabilidad a muchos niveles con nuestro alumnado, en este caso, formando a futures formadores, la responsabilidad es doble. No se suelen tratar, en general, estas cuestiones en los cursos de Grado, y cuando se dan es por el voluntarismo de algunes profesores. Entonces, ¿cómo puedo yo pensar en *queerizar* mis clases (los contenidos, los lenguajes, las formas de enseñar) en un contexto tan poco *queer*? ¿Cómo acercar mis conocimientos sobre teorías y prácticas feministas y *queer* y mi experiencia activista —dos ámbitos que no puedo ni quiero desligar— a mi labor como docente? ¿Podemos pensar en una(s) pedagogía(s) *queer*? ¿Cómo hablar de sexualidad, e intentar hacerlo de otra manera, escapar del pensamiento *straight* (e identitario) en un contexto en el que mucha gente está bastante sola con estos temas, no tiene trabajo, se enfrenta a la precariedad laboral o está intentando estabilizarse en el ámbito educativo? ¿Cómo pensar desde "otro lugar" en estas circunstancias sin desfallecer en el intento?

MENTIRAS, SECRETOS Y SILENCIOS EN EDUCACIÓN[63]

Después de ver *El vestido nuevo*, lo que le sugiero a mi clase es que no nos están hablando de ningún "descubrimiento"

---

63. Tomo prestado el título del trabajo de Adrienne Rich (1979), *Sobre mentiras, secretos y silencios*, Madrid, Horas y Horas.

de una identidad "homosexual", sino de una persona pequeña que se enfrenta a una serie de hostilidades por llevar una ropa que no es la esperada para su género (esta es mi lectura *queer*, una de las posibles). Y les invito a ese girar el foco al que me refiero al comienzo de este libro: de Mario hacia la escuela, al contexto que le rodea. "Homosexual" es una categoría creada por la medicina en el siglo XIX, como explica Foucault en su *Historia de la sexualidad* (1977). Siguiendo este hilo, les explico cómo la homosexualidad y la heterosexualidad son construcciones culturales, y que la categoría que englobaba un conjunto de desviaciones (la homosexualidad) se "inventó" antes que la normal y natural (la heterosexualidad). Ambas tienen *una historia*, idea desnaturalizadora que siempre me ha parecido muy buena para comenzar a hablar de estas cuestiones en el aula. Las identidades son, por tanto, una construcción histórica y social, elementos contingentes, maleables, no homogéneos ni fijos, no son esencias. Y, siguiendo con Foucault (1977), están atravesadas por relaciones de poder.

La escuela es un agente de socialización clave y es central en la construcción de las subjetividades, en la que uno de los elementos relevantes, a su vez, es la identidad de género y sexual. Como comenté en el primer capítulo, la heterosexualidad no es solo un conjunto de prácticas sexuales sino un régimen político; se ha construido históricamente como la sexualidad natural, legítima, respetable, legal, visible. La masculinidad hegemónica (heterosexual) se enseña y construye en oposición al otre, el diferente: las mujeres y los gais. Estos son algunos de los valores que se (re)producen en la escuela: la heterosexualidad obligatoria, la misoginia, el sexismo, el racismo, la homofobia. Y, al mismo tiempo, la escuela es un ámbito privilegiado para prevenirlos.

El ámbito educativo es un espacio que rechaza y violenta, todavía hoy, al alumnado diferente. Pensando en las sexualidades, la escuela es una auténtica máquina del régimen heteronormativo. Como escribió Paco Vidarte, en un texto que se puede leer en la reciente compilación de algunos de sus trabajos, *Por una política a caraperro. Placeres textuales para las disidencias sexuales* (2021):

Pese a todo el orgullo gay que podamos acumular a lo largo de la vida y habernos construido un nicho social, familiar, laboral en el que sentirnos a gusto y absolutamente felices, creo que casi nadie sería capaz de decir esta otra frase, similar a la anterior, sin sentir un escalofrío por la espalda y ver cómo se le pasan cinematográficamente, en unos segundos, escenas de horror amontonadas en el desván de la memoria: "*Si volviera a nacer, me gustaría volver a ser el niño mariquita de mi colegio*". Es nuestra piedra de toque: no querer volver a vivir la infancia, un contexto donde nuestra autoestima era imposible. [...] Yo he hecho una pequeña encuesta entre amigos que cualquiera puede hacer rápidamente y, no por azar, a todos nos venía a la memoria alguna escena de acoso, de humillación. O incipientes estrategias de supervivencia y disimulo: "Yo no tenía pluma, pero era gordito, tenía gafas, era el empollón, un niño muy raro, muy complicado, introvertido, no me relacionaba, vivía en mi mundo, iba a mi bola, tenía uno o dos amigos tan solo y me dejaban en paz". No se trata de tener a todo el profesorado buscando y detectando persecutoriamente a los niños mariquitas para hipervisibilizarlos, patologizarlos, señalarlos y así poder "protegerlos". Ya me veo las quejas de los padres viendo su orgullo familiar por los suelos: "Mi niño ha sido objeto de acoso, pero ¡no es mariquita!".

En educación, como en el resto de ámbitos, opera la presunción de heterosexualidad para todo el mundo: alumnado, profesorado y familias de ambos[64]. Así, se empuja a las

---

64. Sobre esta cuestión, véase el texto de Preciado, "Quién defiende al niño *queer*", recogido en *Un apartamento en Urano. Crónicas del cruce* (2019).

personas no cis-heterosexuales a tener que salir del armario, a hablar de sus cuerpos, de su sexualidad (Weeks, 1990), para no tener que inventarse una vida paralela o dar la sensación de que hay algo que ocultar; la otra opción es permanecer en el silencio (el famoso "no preguntes, no digas"). "El armario es el nombre que señala una experiencia vital de la disidencia sexual, que los discursos sociales no han considerado relevante", apunta val flores (2008). Y continúa: "Podemos considerar el armario como una verdadera institución opresora promovida, controlada e instigada por la propia sociedad. De esta manera, se envía la sexualidad de lesbianas, gays y travestis al ámbito de lo privado".

Esta lógica nos sitúa en el terreno de la excepcionalidad, como un "caso" a "descubrir" o, peor todavía, que puede ser "revelado" con intenciones no precisamente agradables por alguien que cree conocer tu "secreto". La sexualidad queda circunscrita a una cuestión individual, cuando sabemos que, muy al contrario, no es algo meramente personal sino que tiene una dimensión social y política (Louro, 2000).

Sin embargo, la educación no habla, en general, del cuerpo ni de sus placeres, como tampoco lo hace la Filosofía o las Ciencias Sociales. Como ha escrito Moita (2008: 126),

en la clase entran cuerpos que no tienen deseo, que no piensan en sexo o que son, especialmente, desexualizados para entrar en ese recinto, como si el cuerpo y la mente existieran aisladamente uno del otro o como si los significados, constitutivos de lo que somos, aprendemos y sabemos, existiesen de forma separada de nuestros deseos.

Y lo mismo podemos decir del cuerpo del profesorado, que "son construidos como si no tuviesen deseo sexual" (Moita, 2008: 126). No solo eso, de nuevo, la presunción de cis-heterosexualidad opera como con el alumnado. El cuerpo es como un texto, algo aplicable a todos, docentes incluides[65].

En la escuela hay diversos cuerpos, identidades y expresiones de género no heteronormativos, abyectos, impensables, invivibles (Butler, 1993); entre estos últimos, los cuerpos trans* no solo sufren más violencias que otros, sino que muestran cómo la propia construcción del género como algo binario es ya en sí misma una violencia que genera múltiples exclusiones. Nuestros cuerpos están atravesados y *marcados*, asimismo, por otros factores como la clase social, el color de piel, la capacidad, la edad, la cultura... Como señala Motia (2008: 126), el proceso de olvidar los cuerpos naturaliza los ideales corporales de raza como blanquitud, de género como masculinidad, y de sexualidad como heterosexualidad.

Ese eclipsamiento del cuerpo no quiere decir, sin embargo, que la escuela no produzca identidades corporizadas: se trata de una de las instancias principales de reproducción, producción y organización de las identidades sociales de forma generizada, sexualizada y racializada (Motia, 2008). El sistema educativo (re)produce la heteronormatividad (y el sexismo, y el racismo) a través de los discursos y las prácticas que *fabrican* sujetos e identidades, aunque también hay experiencias y prácticas de agencia y resistencia de los sujetos. En definitiva, la escuela es una institución heterosexual, heteronormativa y heteronormalizadora (Warner, 1993), y es urgente continuar haciendo un trabajo crítico, deconstruyendo los discursos y sus silencios desde los ciclos iniciales de la educación (si es desde Infantil, mejor. Después ya empieza a ser tarde, como muestra el vídeo comentado al comienzo, en el que un niño de seis años *ya* insulta a otro

---

65. val flores ha escrito sobre esta cuestión de los cuerpos y deseos inapropiados en el ámbito educativo. Sus escritos, *performances*, talleres, etc., se pueden consultar en el siguiente enlace: http://escritoshereticos.blogspot.com

diciéndole "maricón"). La productividad de las teorizaciones *queer* reside, de hecho, en este doble impulso de producción y desconstrucción.

El profesorado necesita contar con formación y herramientas para prevenir y evitar las discriminaciones y las diferentes formas de violencias (verbales y físicas) existentes hacia el alumnado "diferente". En la construcción de las subjetividades de nuestro alumnado *queer*, el rechazo, los silencios, y las imágenes y etiquetas negativas tienen un impacto brutal, como lo tiene el miedo constante a la injuria, de la que habla Eribon (2001). En los cuerpos y sujetos marcados existe también la posibilidad de la resignificación del insulto, en clave *queer*: "¿Maricón, yo? Anda, ¡pues claro, y mira tú qué bien!" (aunque para que Mario responda, si quisiera, esto o algo parecido, hay que darle unos años de margen).

Las subjetividades y las relaciones sociales se constituyen en juegos de saber-poder, como explicó Foucault. En la escuela se van aprendiendo los ideales regulatorios sobre los sexos y los géneros, qué vidas importan (y cuáles no, o menos) y, por tanto, están habilitadas para moverse en los dominios de lo visible y lo posible en la sociedad, y en los propios espacios educativos.

EL DISCURSO DE 'ATENCIÓN A LA DIVERSIDAD' Y SUS LÍMITES

La introducción de cuestiones relativas a la clase social, el género, la etnicidad, la raza o la diversidad funcional en educación no ha sido una tarea fácil, sino un camino largo y complejo que incluye movilizaciones sociales, negociaciones en el ámbito político, e implementación de políticas públicas y recomendaciones europeas, entre otros factores.

Estas temáticas han sido incluidas, con mayor o menor rapidez y éxito, en nuestros planes educativos; las intenciones eran buenas, pero la inclusión no es suficiente. Deberíamos analizar en qué términos el género y la sexualidad han sido "añadidas" al sistema educativo (o borradas, en ocasiones, de él), y qué estereotipos se refuerzan con ello. ¿Qué límites e implicaciones tienen estas nociones (liberales) de diversidad y reconocimiento de las diferencias?

En el contexto español, a partir de los años noventa los colectivos de gais y lesbianas y los grupos *queer* empiezan a llamar la atención sobre cuestiones como la falta de educación sexual y la existencia de actitudes homófobas en las escuelas, con diferentes planteamientos (más de carácter asistencial en el caso de los primeros, y de crítica radical en los grupos *queer*). Ha habido dos leyes importantes con respecto a la inclusión de la diversidad en la educación, ambas aprobadas con el PSOE en el Gobierno: la LOGSE, *Ley de Ordenación General del Sistema Educativo* (1/1990), que incorporó cuestiones relacionadas con la "atención a la diversidad" por primera vez en nuestro sistema educativo, y la LOE, la *Ley Orgánica de Educación* (2/2006), en la que se incorporaron referencias explícitas a la diversidad sexo-afectiva del alumnado y sus familias, y se introdujo la asignatura de Educación para la Ciudadanía, diseñada para los niveles de primaria y secundaria a raíz de una recomendación del Consejo Europeo[66]. En la ley aprobada por el PP,

---

66. En la LOE se hacía, por primera vez, referencia explícita a la diversidad sexual en el ámbito educativo. Esta ley, en su preámbulo, concretaba lo siguiente: "Entre los fines de la educación se resaltan el pleno desarrollo de la personalidad y de las capacidades afectivas del alumnado, la formación en el respeto de los derechos y libertades fundamentales y de la igualdad efectiva de oportunidades entre hombres y mujeres, el reconocimiento de la diversidad afectivo-sexual, así como la valoración crítica de las desigualdades que permita superar los comportamientos sexistas". Se hacía necesario, por tanto, incluir formas de actuación que tuvieran en cuenta la diversidad afectivo-sexual del alumnado y de sus familias. También en la LOE se establecía

la LOMCE, *Ley Orgánica para la Mejora de la Calidad Educativa* (2014), se suprimió esta asignatura del currículo escolar, y toda mención a la diversidad sexual (y funcional, cultural, corporal...); la única alusión a la diversidad que aparece en la ley es la referida a los estudiantes con problemas de rendimiento. La actual LOMLOE (2020) ha vuelto a incorporar estas cuestiones.

Al analizar la incorporación del género y la diversidad sexual en el sistema educativo, una de las primeras cosas que hay que hacer es referirnos a *géneros* y *sexualidades*, en plural, ya que son múltiples. Hay numerosas y complejas cuestiones en torno a la interacción entre ambas, y su control y vigilancia desde diversas instancias (la escuela entre ellas). En el discurso de la diversidad se echa de menos una mirada interseccional: cómo están atravesadas por otras variables como la clase, la etnia, la capacidad, etc. Por otra parte, la diversidad sexual parece, en general, no escapar a la lógica binaria: el género entendido como hombre *versus* mujer, y como sinónimo de sexo. De esta manera, el potencial crítico de la categoría género es desactivado, al tiempo que se refuerzan las conexiones naturalizadas entre el sexo, el género, la opción sexual, la expresión de género, la identidad de género y sexual, etc. Lo mismo sucede con la multiculturalidad: al sumar un vector de opresión a otro (soy una persona de clase media, y blanca, y mujer, y...) se corre el riesgo de terminar convirtiendo las identidades en elementos esenciales y no contingentes, y de reproducir los estereotipos. La interseccionalidad leída de esta manera refuerza el discurso y las nociones de representación y

---

en su artículo 91 que "se reconocerá la labor didáctica del profesorado que atienda al desarrollo afectivo del alumnado y que contribuya al respeto, la tolerancia y la libertad". Asimismo, su artículo 102 aludía a la necesidad de formación permanente del profesorado, que es clave para hacer de la escuela un espacio más inclusivo.

ciudadanía liberales, no las radicales. Como apunta Rofes (2005: 145),

fundamentalmente, se trata de una cuestión de participación democrática en la esfera pública. Cuando decimos que "valoramos la diversidad", ¿nos referimos a que creamos lugares donde las personas de diferente género, raza, clase e identidad sexual pueden juntarse y traer consigo los atributos sociales y culturales que los definen como diferentes, inusuales, transgresivos? ¿O queremos decir que os gusta la idea de la diversidad, pero, en la práctica, tendemos a encubrir, silenciar, desexualizar, enderezar e ignorar las diferencias culturales?[67]

Las cuestiones de diversidad incluidas en los planes educativos suelen responder asimismo a una matriz heterosexual y blanca. La raza se incluye, la mayoría de las veces, como algo "exótico" que debemos tolerar, más que como diferentes formas culturales que hay que respetar. Estamos manejando aquí una serie de *diferencias reguladas*, junto con una constelación de voces no articuladas, excluidas; es necesario, en este sentido, superar los límites y las fronteras de un discurso de la diversidad normalizada y trabajar en la defensa de la legitimidad y el respeto a las *diferentes diferencias*.

En esta línea, no parece suficiente añadir contenidos sobre gais y lesbianas al currículo de diversidad multicultural. El argumento es que la ausencia de representaciones tiene efectos negativos, y su inclusión es el remedio contra la homofobia y el prerrequisito para la autoestima y la existencia segura del alumnado LGTBI+ en la clase. Sin negar para nada la importancia de esos efectos negativos, creo que debemos ir más allá y analizar cómo la

---

67. La cursiva está en el original.

LGTBIfobia se presenta así como un problema de representación, un efecto de la ausencia de imágenes de otras identidades, corporalidades y sexualidades, o de la distorsión de las mismas. Frente a este borrado o representación negativa, la estrategia de los grupos LGTBI+ *mainstream* es la de demandar representaciones más reales y positivas (definición compleja, por otra parte, en la que puede que no todo el mundo esté de acuerdo). La homofobia y la transfobia sería un problema de ignorancia, de no conocer gente no cis-hetero. Al hacerlo, la gente se da cuenta de que son "normales", y este es el final feliz de la discriminación. Otra lectura es que, aunque la LGTBIfobia no pueda ser erradicada a través de la inclusión de estas (otras) representaciones en el currículo, al menos estas imágenes ofrecen modelos y autoestima para los estudiantes *queer* (Luhmann, 1998).

A VUELTAS CON LA VISIBILIDAD

Un debate clave aquí, en relación con el punto anterior, es el que tiene que ver con la visibilidad. "¿Desde qué perspectivas asumimos la visibilidad de lesbianas y gais?", nos pregunta val flores (2008). "¿Como solicitud de permiso o como acto de transgresión? ¿Como consumo de identidades prefijadas o como producción crítica de las mismas? ¿Como autoinculpación o como reivindicación? ¿En orden a la asimilación o buscando el cuestionamiento de los procesos de normalización? ¿Desde la fragmentación de la identidad o en articulación con otras desigualdades?" (flores, 2008).

Desde los colectivos LGTBI+ (de carácter moderado, identitarios) se defiende la necesidad de salir del armario, de ser visibles, en todos los lugares y momentos posibles.

Desde posicionamientos *queer* se critica la obligatoriedad de estar fuera del armario *a toda costa*, al tiempo que se defiende la estrategia *in your face* (De Lauretis, 1991). En esta línea, podemos plantearnos no salir del armario, o al menos no hacerlo en los términos que se esperan[68]. Uno de los pánicos que compartimos muches profesores no cishetero es que te pregunten, en medio de la clase, si eres lesbiana, por ejemplo, y no aciertes a dar la mejor respuesta (difícil hacerlo en clave *queer* en esa situación, para lo que se necesitaría algo de tiempo), o llegar al centro y encontrarte un grafiti insultante y cosas así. Más que analizar y representar a sujetos *out and proud*, una pedagogía *queer* persigue, sin desmerecer a los anteriores, la proliferación infinita de nuevas identificaciones. O, como apunta Kopelson (2002: 30), "hacer visible algo que todavía no hemos visto".

En este sentido, la crítica central que se ha hecho al discurso de la diversidad es que no supone un cambio estructural (Talburt, 2005), que deja la (cis-hetero)norma intacta. Se trata de un discurso de corte liberal sobre las "minorías sexuales", que tienen necesidades especiales y requieren atención específica, ayuda y tolerancia, en el marco de la igualdad. Una de las ideas que aparece de manera reiterada en este tipo de discurso es la necesidad de *normalizar* la homosexualidad, que a mí siempre me ha horrorizado. Esta práctica viene a reforzar al final tanto la propia cis-heterosexualidad como la anormalidad de otros deseos y corporalidades; se mantienen los estereotipos, los binarismos, la patologización de la homosexualidad y la

---

68. Sobre la estructura del "armario", un texto imprescindible (y muy inspirador) es el que escribieron Paco Vidarte y Ricardo Llamas en 1999, "Cómo salir del armario sin patetismos: entre la ironía y la revolución", recogido también en la reciente compilación de textos de Vidarte antes apuntada (2021).

transexualidad, y la idea de que es un problema personal (Quinlivan y Town, 1999). Como apunta Rofes (2005: 158) en su análisis sobre el género, el sexo y los profesores varones gais, y crítico con el cambio que supone la política identitaria en educación, "hemos ganado un acceso limitado a las aulas a cambio de negar las auténticas diferencias de muchas relaciones de hombres gais con los roles de género, las culturas sexuales y los modos de parentesco y aquellos de la hegemonía heteronormativa". Todas estas cuestiones nos llevan a interrogarnos sobre la política del reconocimiento (y si es suficiente). La centralidad, todavía hoy, de la cis-heteronormatividad dentro de los marcos progresistas (como los discursos de la diversidad) es posible a través de la normalización inclusiva de posicionamientos LGTBI+ como un conjunto de identidades discretas y discernibles que pasan a ser "aceptables", siempre y cuando se ajusten a ciertos modos de sujeción relacionados con construcciones sociales clave como la familia y la nación (Puar, 2017). Las políticas de la diversidad sexual, que a menudo contienen una visión idealizada de esta, se enfrentan al mismo problema que el multiculturalismo, cooptado por la idea implícita de universalidad que clausura todo lo que significa "diferencia". Esta perspectiva asumió que las múltiples dimensiones de poder operan como un set de diferencias fijas y acumulativas, sin considerar los modos particulares, contradictorios y no analizados en los que esas dimensiones interseccionan. Tenemos que ser conscientes, por una parte, de los peligros de celebrar el reconocimiento sin criticar las asunciones liberales implícitas y, por otra, de los límites que cercan el marco epistémico de lo que puede ser conocido y clausuran el análisis acerca de cómo podemos pensar los cuerpos y sus placeres.

POTENCIALIDADES Y RETOS DE UNA PEDAGOGÍA FEMINISTA Y *QUEER* (LAS DOS COSAS)

> "Sigo sosteniendo que, mientras no haya narrativas en primera persona de las propias educadoras lesbianas y gais —sin pretensiones de autenticidad ni de 'verdad exclusiva'—, un discurso crítico, 'descorporizado', no hace más que construir lo 'diferente' como exterior y extraño, es decir, que sigue impulsando la maquinaria de la *normalidad*."
>
> VAL FLORES (2008)

La pedagogía, cuando va unida a etiquetas como feminista, antirracista o antihomófoba, es crítica con la educación *mainstream* como espacio de reproducción de relaciones de poder desiguales. Al mismo tiempo, *queer*, como he mostrado, es una crítica a las prácticas de normalización que se dan en el ámbito de los géneros y las sexualidades. A esta intersección se le ha denominado *pedagogía(s) queer*, un campo que cuenta ya con cierto desarrollo en los últimos años (Pérez y Trujillo, 2020). En el contexto español, los temas de educación se trabajan, en enorme medida (no exentos tampoco de dificultades con las instituciones), desde el discurso de la diversidad y la política identitaria LGTBI+, aunque ya contamos con algunos trabajos sobre pedagogías *queer*[69].

Estas pedagogías raras, transgresoras pueden, además de suponer una mirada crítica sobre las políticas LGTBI+ en educación, convertirse en *metodologías queer*, en prácticas *queer* de enseñanza. Son, en realidad, aproximaciones, teorías y prácticas educativas que pueden ser llevadas a cabo por profes y estudiantes que ocupan múltiples, cambiantes y variadas posiciones de sujeto. Todavía hoy, muches estudiantes

---

69. Véanse, por ejemplo, el de Sánchez Sáinz (2019) o la compilación de Ocampo González (2018).

que no encajan en la matriz blanca y heteronormativa (Butler, 1990) sufren violencias en la escuela (y resisten a ellas de múltiples maneras también), al tiempo que les profesores tienen, en general, muchas dificultades para relacionarse con la "otredad".

Las aportaciones *queer* han supuesto un cambio de mirada, un giro epistemológico. Como se pregunta Louro (2012: 363), "¿cómo pueden los saberes *queer*, intrínsecamente subversivos y provocadores, articularse en campos tradicionalmente normalizadores y disciplinadores como la Educación?". Uno de los retos es ir más allá de la incorporación del contenido LGTBI+ en los currículos y de la preocupación sobre la búsqueda de estrategias de enseñanza que hagan ese contenido más accesible para el alumnado (Luhmann, 1998). Lo que vemos es que muchas veces es inevitable moverse entre la urgencia de la práctica cotidiana (pero ¿cómo llevamos todo esto al aula?) y el análisis y la reflexión.

Lopes Louro ha traducido la teoría *queer* en la práctica pedagógica y difundido sus herramientas y debates en el cono sur. De esta autora me gusta especialmente el cuestionamiento y la desnaturalización como estrategias para romper con las certezas, buscando recuperar la duda y lo incierto como forma de enseñanza y aprendizaje. Esta investigadora también destaca cómo estas pedagogías *queer*/cuir, transgresoras, critican los métodos de normalización de la enseñanza moderna y cómo operamos en un campo históricamente disciplinador. No hay que introducir un contra-conocimiento u otro saber que se contraponga al saber dominante, sino desestabilizarlo. Es importante, además, sobrepasar el territorio de los géneros y las sexualidades, y repensar la cultura, las instituciones, el poder, las formas de aprender y de estar en el mundo. Desde la pedagogía *queer*, el sujeto racional, crítico, liberade de la teoría de la educación entra en una crisis profunda. Las pedagogías *queer* han colaborado en que géneros y sexualidades se incorporen a la agenda de la educación, no solo como contenidos sino como formas de repensar algunas categorías de este ámbito como el "conocimiento" y la "enseñanza".

APUNTES FINALES

En la búsqueda de respuestas a mis preguntas e inquietudes, de tipo individual y colectivo, las lecturas y prácticas políticas *queer*/cuir y (trans)feministas han sido una maravillosa caja de herramientas para analizar, de otra manera, qué entendemos acerca del género, la sexualidad, la identidad, la expresión de género, la pluma, el *passing*, el cuerpo, y tantas otras cosas. Son aportaciones fundamentales para pensar en la construcción de las subjetividades y el deseo. En los últimos años, han significado un giro copernicano en nuestra manera de pensar, de movilizarnos, de investigar y enseñar: hemos pasado del discurso de las minorías sexuales (política identitaria) a los discursos sobre las multitudes *queer*. La cis-heteronormatividad no solo afecta a gais, lesbianas, bisexuales, trans*, gente no binaria, etc. (quitando vectores de opresión), y lo mismo es aplicable al género, la raza, la capacidad, etc. Como escuché en una mesa redonda hace un tiempo a un padre gay, "no hace falta ser ballena para ser de Greenpeace".

Queer hay que entenderlo como un adjetivo y como movimiento, acción... como un verbo: *queerizar* la escuela, la clase, el conocimiento, las metodologías (y los movimientos sociales, el espacio público y un largo etcétera). Hackear la normalidad, disolver los binarismos, y articular alianzas y redes. No obstante, si la pedagogía *queer* está comprometida con la práctica radical de deconstruir la normalidad, esto significa que no puede necesariamente reducirse a enseñar para o sobre personas *queer* (Britzman, 1995). Podemos *queerizar* la enseñanza en muchos momentos: interviniendo en el lenguaje, hablando en femenino plural inclusivo como crítica al uso del lenguaje sexista en la escuela; hablando de autoras negras, de feministas menos conocidas, de aportaciones de maricas, bolleras, bis, trans*, gente no binaria, *gender queers*, etc. Retomando el genial corto *El vestido nuevo*, materiales como este pueden servirnos para pensar la "diferencia", la "normalidad" y la "naturalidad", y para preguntarnos cómo se adjudican a los sujetos y cómo pueden ser subvertidas. Como nos recuerda Luhmann (1998), una mirada *queer* transgrede precisamente los límites entre lo *queer* y lo "normal" (es decir, heterosexual) al descifrar los contenidos y subtextos *queer* en las narrativas heterosexuales, y al señalar el solapamiento entre las *prácticas* homosexuales y hetero. Las teorizaciones *queer* insisten en que las sexualidades y cuerpos no cis-hetero son simultáneamente marginales y centrales, y que la norma heterosexual necesita, como ya he mencionado en estas páginas, de la desviación homosexual para existir.

Esta batalla por derribar los binarismos, mujer-hombre, homosexual-heterosexual es otro de los puntos clave. La diferencia, como señaló Fuss (1991), es la condición necesaria para la identidad. Foucault (1977) ya argumentó en su *Historia de la sexualidad* que la construcción del sujeto burgués está basada en la contraposición heterosexual-homosexual. La heterosexualidad como régimen político se refuerza a través de la LGTBIfobia, de las desigualdades de tipo social y legal, y de los gestos de tolerancia a lesbianas y gais, "diferentes pero iguales". "Lo *queer*" señala la perturbación de la normalidad heterosexual buscando "llevar la oposición hetero-homo al punto del colapso" (Fuss, 1990: 1).

Los saberes feministas y *queer* resisten ante el deseo de autoridad y de certezas definitivas, ante un conocimiento sin contradicciones, sin dudas, y sin fracasos (véase Halberstam, 2018). La educación es mucho más que transmitir conocimientos: tiene que ver con la creación de una nueva condición de conocimiento, de una disposición de aprendizaje original, diferente. Aprender sobre el contenido es diferente a aprender desde él, engloba el proceso menos predecible y más "lioso" de pasar a estar implicade en el conocimiento (Luhmann, 1998). *Queer*, en definitiva, es "una manera de conocer, más que algo a ser conocido" (Kopelson, 2002: 25).

Y al hilo de la cuestión de la duda metodológica, retomo las preguntas que planteaba al comienzo: cómo trabajar desde una pedagogía *queer* cuando no ha habido, ni hay, en general, un recorrido sobre temas de sexualidad, LGTBI+, y mucho menos *queer*. En relación con este punto, me parece interesante la propuesta que hace Karen Kopelson (2002) de una combinación de ambas, la política identitaria y la pedagogía *queer*, como manera —también— de huir de la lógica (binaria) de la una en oposición a la otra. En realidad, esto es lo que puede suceder en muchos centros escolares, que la política identitaria y las prácticas y saberes *queer* se trabajen en paralelo. Susan Talburt (en Kopelson, 2002: 18) nos advierte, refiriéndose al contexto estadounidense, que "la identidad, la voz y la visibilidad" continúan, pese a todos los retos posestructurales, manteniéndose en los enfoques del trabajo académico de y sobre personas LGTBI+ a través de numerosas disciplinas. Por otra parte, las prácticas transgresoras y subversivas también pueden, obviamente, tener límites, como todas las propuestas.

El reto es, en definitiva, cómo incorporar las aportaciones *queer* a nuestra práctica educativa, al tiempo que esta nos hace, a su vez, reflexionar sobre las cuestiones centrales de las teorías *queer*. En un contexto en el que todavía nos encontramos con muchas dificultades y hostilidades de varios tipos hacia todos estos temas, tenemos que seguir incidiendo en la necesidad de formación del profesorado y el trabajo en red(es); es fundamental el apoyo, la colaboración, crear proyectos, poner en común experiencias e ideas, sumar energías colectivamente. Les docentes no podemos simplemente esperar a que los cambios lleguen a través de las políticas públicas o de las leyes y proyectos educativos. La escuela no solo debe dar respuesta a las problemáticas y retos de la realidad social, sino que deberíamos adelantarnos, y ser uno de los espacios que lidere el cambio político y social en estos (peligrosos) "tiempos anti-intelectuales", como los ha denominado Judith Butler.

Si queremos despatriarcalizar, desrracializar y desheterosexualizar la educación, las pedagogías *queer* son un horizonte a perseguir: una invitación a no pensar *straight*, a pensar desde otro lugar, al "mundo zurdo" de Anzaldúa (esa *fuerza* frente a la razón excluyente, frente al cisheteropatriarcado y el racismo). Las epistemologías feministas *queer*, con su crítica a la normalidad, a los binarismos, con su enseñanza del respeto a las diferencias y su mirada interseccional, son más necesarias —y urgentes— que nunca. En y fuera de las aulas, en las calles, las escuelas, para todo el mundo, en todas partes.

BIBLIOGRAFÍA

AHMED, Sara (2019): "Notas sobre la supervivencia feminista", en F. Vila Núñez y J. Sáez del Álamo (eds.), *El libro de buen amor. Sexualidades raras y políticas extrañas*, Madrid, Ayuntamiento de Madrid, pp. 178-185.

ALABAO, Nuria (2020): "El fantasma de la teoría *queer* sobrevuela el feminismo", en VV AA, *Transfeminismo o barbarie*, Madrid, Kaótica Libros, pp. 129-151.

ANZALDÚA, Gloria (1987): *Borderlands/La Frontera: The New Mestiza*, San Francisco, Spinsters/Aunt Lute Foundation.

— (1991): "To(o) Queer the Writer: loca, escritora y chicana", en A. Keating (ed.), *The Gloria Anzaldúa Reader*, Londres, Duke University Press, pp. 163-175.

— (2009): "Spirituality, Sexuality, and the Body: An Interview with Linda Smuckler", en A. Keating (ed.), *The Gloria Anzaldúa Reader*, Londres, Duke University Press, pp. 74-97.

ARANETA, Aitzole (2020): "Sexo, género y otras palabritas: algunas ideas sobre el cuestionamiento de las personas en condición de transexualidad", en VV AA, *Transfeminismo o barbarie*, Madrid, Kaótica Libros, pp. 325-360.

BARKER, Meg-John y SCHEELE, Julia (2017): *Queer: una historia gráfica*, Barcelona, Melusina.

BORRILLO, Daniel (2001): *Homofobia*, Barcelona, Bellaterra.

BOURCIER, Marie-Hélene (2000): "Foucault, ¿y después…?", *Reverso*, 2, pp. 9-19.

BRITZMAN, Deborah (1995): "Is there a queer pedagogy. Or, stop reading straight", *Educational Theory*, 45, pp. 151-165.

BRAIDOTTI, Rosi (2000): *Sujetos nómadas*, Barcelona, Paidós Ibérica.

— (2004): *Feminismo, diferencia sexual y subjetividad nómada*, Barcelona, Gedisa.

Butler, Judith (1990): *Gender Trouble. Feminism and the Subversion of Identity*, Nueva York, Routledge.
— (2002): *Cuerpos que importan. Sobre los límites materiales y discursivos del "sexo"*, Buenos Aires, Paidós.
— (2006): *Deshacer el género*, Buenos Aires, Paidós.
— (2017): *Cuerpos aliados y lucha política. Hacia una teoría performativa de la asamblea*, Barcelona, Paidós.
Calvo, Kerman y Trujillo, Gracia (2011): "Fighting for love rights: claims and strategies of the LGTB movement in Spain", en *Sexualities*, 14 (5), pp. 562-579.
Carrascosa, Sejo y Vila, Fefa (2005): "Geografías víricas: hábitats e imágenes de coaliciones y resistencias", en Grupo de Trabajo Queer, *El eje del mal es heterosexual. Figuraciones, movimientos y prácticas feministas queer*, Madrid, Traficantes de Sueños, pp. 45-59.
Colling, Leandro (2019): *Que otros sean lo normal. Tensiones entre el movimiento LGTB y el activismo queer*, Madrid, Egales.
Crenshaw, Kimberlé W. (1991): "Mapping the Margins: Intersectionality, Identity Politics, and Violence against Women of Color", *Stanford Law Review*, 43 (6), pp. 1241-1299.
Davis, Angela (2004): *Mujeres, raza y clase*, Barcelona, Akal.
De Beauvoir, Simone (1989): *El segundo sexo*, Madrid, Cátedra.
De Lauretis, Teresa (1991): "Queer Theory. Lesbian and Gay Sexualities", *Differences: A Journal of Feminist Cultural Studies*, 3 (2), pp. 3-18.
— (1995): "La práctica del amor, deseo perverso y sexualidad lesbiana", *Debate Feminista*, 11.
— (2000): *Diferencias. Etapas de un camino a través del feminismo*, Madrid, Horas y Horas (Cuadernos inacabados, nº 35).
— (2003): "When lesbians were not women", *Labrys. Études Feminists* (nº especial).
— (2019): "Teoría *queer* y género", en F. Vila Núñez y J. Sáez del Álamo (eds.), *El libro de buen amor. Sexualidades raras y políticas extrañas*, Madrid, Ayuntamiento de Madrid, pp. 137-149.
Despentes, Virginie (2007): *Teoría King Kong*, Barcelona, Melusina.
Duggan, Lisa (1998): "Queering the State", en P. M. Nardi y B. E. Schneider (eds.), *Social Perspectives in Lesbian and Gay Studies*, Londres, Routledge, pp. 564-573.
— (2002): "The New Homonormativity: The Sexual Politics of Neoliberalism", en R. Castronovo y D. Nelson (eds.), *Materializing Democracy: Toward a Revitalized Cultural Politics*, Durham, Duke University Press, pp. 175-194.
Duggan, Lisa y Hunter, Nan D. (1995): *Sex Wars. Sexual Dissent and Political Culture*, Nueva York, Routledge.

ECHAVARREN, Roberto (2011): "Prólogo", en M. A. Gutiérrez (ed.), *Voces polifónicas. Itinerarios de los géneros y las sexualidades*, Buenos Aires, Godot.

EPPS, Brad, y KATZ, Jonathan (2007): "Monique Wittigs's Materialist Utopia and Radical Critique", *Gay and Lesbian Quarterly*, 13 (4), pp. 423-453.

ERIBON, Didier (2001): *Reflexiones sobre la cuestión gay*, Barcelona, Anagrama.

ESCHLE, Catherine (2018): "Troubling Stories of the End of Occupy: Feminist Narratives of Betrayal at Occupy Glasgow", *Social Movement Studies*, 17 (5), pp. 524-540.

FALCONÍ, Diego; CASTELLANOS, Santiago y VITERI, María Amelia (2014): *Resentir lo queer en América Latina: diálogos desde/con el Sur*, Madrid, Egales.

FAUSTO STERLING, Anne (2006): *Cuerpos sexuados. La política de género y la construcción de la sexualidad*, Barcelona, Melusina.

FERNÁNDEZ, Sam (2018): "Del quiénes somos al qué queremos: sujetos feministas y 'cierres vulnerables'", *Píkara Magazine*: https://www.pikaramagazine.com/2018/10/sujetos-feministas-sam-fernandez

FERNÁNDEZ, Sandra y ARANETA, Aitzole (2013): "Genealogías trans (feministas)", en M. Solá y E. Urko (eds.), *Transfeminismos. Epistemes, fricciones y flujos*, Tafalla, Txalaparta, pp. 45-58.

FLORES, val (2008): "El armario de la maestra tortillera": http://escritoshereticos.blogspot.com/2009/07/el-armario-de-la-maestra-tortillera.html

— (2013): *Interruqciones: ensayos de poética activista. Escritura, política, pedagogía*, Neuquén, La Mondonga Dark.

FOUCAULT, Michel (1977): *Historia de la sexualidad I. La voluntad de saber*, Madrid, Siglo XXI.

— (2006): *Defender la sociedad*, Buenos Aires, Fondo de Cultura Económica.

FUSS, Diana (ed.) (1991): *Inside/Out: Lesbian Theories, Gay Theories*, Nueva York, Routledge.

GAGO, Verónica (2019): *La potencia feminista o el deseo de cambiarlo todo*, Madrid, Traficantes de Sueños.

GALINDO, María (2013): *No se puede descolonizar sin despatriarcalizar*, Bolivia, Mujeres Creando.

GARCÍA, Dau (2019): "Memorias revueltas", en F. Vila Núñez y J. Sáez del Álamo (eds.), *El libro de buen amor. Sexualidades raras y políticas extrañas*, Madrid, Ayuntamiento de Madrid, pp. 178-185.

GOFFMAN, Erving (1998): *Estigma. La identidad deteriorada*, Buenos Aires, Amorrortu.

GRENZNER, Joanna, et al. (2012): *Revolucionando. Feminismos en el 15-M*, Barcelona, Icaria.

GRUPO DE TRABAJO QUEER (2005): *El eje del mal es heterosexual. Figuraciones, movimientos y prácticas feministas queer*, Madrid, Traficantes de Sueños.

HALBERSTAM, Jack (2008): *Masculinidad femenina*, Madrid, Egales.

— (2018): *El arte queer del fracaso*, Madrid, Egales.

HALPERIN, David (1995): *Saint Foucault. Towards a Gay Hagiography*, Oxford, Oxford University Press.

HARAWAY, Donna (1991): *Ciencia, cíborgs y mujeres. La reinvención de la naturaleza*, Madrid, Cátedra.

HOOKS, bell (1984): *Feminist Theory: From Margin to Center*, Boston, South End Press.

— (1994): *Teaching to Transgress: Education as the Practice of Freedom*, Nueva York, Routledge.

JABARDO, Mercedes (ed.) (2012): *Feminismos negros. Una antología*, Madrid, Traficantes de Sueños.

JAGOSE, Anne Marie (1996): *Queer Theory: An Introduction*, Nueva York, New York University Press.

KOPELSON, Karen (2002): "Dis/integrating the gay/queer binary: 'Reconstructed identity politics' for a performative pedagogy", *College English*, 65 (1), pp. 17-34.

LOPES LOURO, Guacira (2012): "Os estudos queer a educação no Brasil: articulações, tensões, resistências", *Contemporánea*, 2 (2), pp. 363-369.

— (2019): "Currículo, género y sexualidad: Lo 'normal', lo 'diferente' y lo 'excéntrico'", *Descentrada: revista interdisciplinaria de feminismos y género*, 3 (1).

LOPES LOURO, Guacira (coord.) (2000): *O corpo educado: pedagogias da sexualidade*, Belo Horizonte, Autêntica.

LÓPEZ, Miguel y DAVIS, Fernando (2010): "Micropolíticas Cuir: Transmariconizando el Sur", *Revista Ramona*, 99, pp. 8-9.

LORDE, Audre (2003): *La hermana, la extranjera*, Madrid: Horas y Horas.

LUHMANN, Susanne (1998): "Queering/querying pedagogy? Or, pedagogy is a pretty queer thing", en W. F. Pinar (ed.), *Queer Theory in Education*, Mahwah, Lawrence Erlbaum, pp. 120-132.

LLAMAS, Ricardo (1998): *Teoría torcida*, Madrid, Siglo XXI.

LLAMAS, Ricardo (comp.) (1995): *Construyendo sidentidades. Estudios desde el corazón de una pandemia*, Madrid, Siglo XXI.

LLAMAS, Ricardo y VILA, Fefa (1997): "Spain: passion for life. Una historia del movimiento de lesbianas y gays en el Estado español", en X. M. Buxán (ed.), *(Con)ciencia de un singular deseo: estudios lesbianos y gays en el Estado español*, Barcelona, Laertes, pp. 189-224.

MAC, Juno y SMITH, Molly (2020): *Putas insolentes. La lucha por los derechos de las trabajadoras sexuales*, Madrid, Traficantes de Sueños.

McRUER, Robert (2021): *Teoría crip. Signos culturales de lo queer y de la discapacidad*, Madrid, Kaótica Libros.

MELONI, Carolina (2020): "Disculpen las molestias, ¡esto es una revolución!", en VV AA, *Transfeminismo o barbarie*, Madrid, Kaótica Libros, pp. 77-103.

MÉRIDA, Rafael (2010): *Manifiestos gays, lesbianos y queer*, Barcelona, Icaria.
MOITA, Luiz P. (2008): "Sexualidades em sala de aula: discurso, desejo e teoria queer", en A. F. B. Moreira y V. M. Candau (coords.), *Multiculturalismo: diferenças culturais e práticas pedagógicas*, Petrópolis, Vozes, pp. 125-148.
MORA, Víctor (2020): *¿Quién teme a lo queer?*, Madrid, Continta me tienes.
MORAGA, Cherrie y ANZALDÚA, Gloria (1981): *This Bridge Called My Back: Writings by Radical Women of Color*, Persephone Press.
MUÑOZ, José (2020): *Utopía queer: el entonces y allí de la futuridad antinormativa*, Buenos Aires, Caja Negra.
OCAMPO, Aldo A. (coord.) (2018): *Pedagogías queer*, Santiago de Chile, Centro de Estudios Latinoamericanos de Educación Inclusiva.
PÉREZ NAVARRO, Pablo (2010): "Devenires queer de la identidad", XLVII Congreso de Filosofía Joven "Filosofía y crisis a comienzos del siglo XXI", Murcia.
— (2014): "Queer Politics of Space in the 15-M Movement", en G. Trujillo y A. C. Santos (eds.), "'The first revolution is survival': Queer and Feminist Resistances to the Crisis and Austerity Politics in Southern Europe", *Lambda Nordica*, 2 (19), pp. 83-114.
— (2018): "Transfeminismos, contacto y separatismo en espacios de coalición", *Actuel Marx Intervenciones*, 24, pp. 35-56.
PÉREZ, Moira y TRUJILLO, Gracia (2020): *Queer Epistemologies in Education. Luso Hispanic Dialogues and Shared Horizons*, Nueva York, Palgrave MacMillan.
PRECIADO, Paul B. (2005): "Devenir bollo-lobo o cómo hacerse un cuerpo queer a partir de *El pensamiento heterosexual*", en D. Córdoba, J. Sáez y P. Vidarte (eds.), *Teoría queer. Políticas bolleras, maricas, trans, mestizas*, Madrid, Egales, pp. 11-131.
— (2009): "Historia de una palabra: *queer*", en *Parole de queer*, 1, p. 19.
— (2003): "Multitudes *queer*. Notas para una política de los 'anormales'", *Multitudes*, 12.
— (2019): "Quién defiende al niño *queer*", en *Un apartamento en Urano. Crónicas del cruce*, Barcelona, Anagrama, pp. 62-66.
PUAR, Jasbir (2017): *Ensamblajes terroristas. El homonacionalismo en tiempos queer*, Barcelona, Bellaterra.
RICH, Adrienne (1980): "Compulsory Heterosexuality and Lesbian Existence", *Signs: Journal of Women in Culture and Society*, 5 (4), pp. 631-660.
RIVAS, Felipe (2011): "Diga 'queer' con la lengua afuera: sobre las confusiones del debate latinoamericano", en CUDS, *Por un feminismo sin mujeres*, Santiago de Chile, Territorios Sexuales, pp. 59-75.
ROBLES, Lola (2021): *Identidades confinadas: la construcción de un conflicto entre feminismo, activismo trans y teoría queer*, Útero Libros.

ROFES, Eric (2005): "La transgresión y el cuerpo ubicado: el género, el sexo y los profesores varones gays", en S. Talburt y S. Steinberg (eds.), *Pensando queer: sexualidad, cultura y educación*, Barcelona, Graó, pp. 141-157.

RUBIN, Gayle (1989): "Reflexionando sobre el sexo: notas para una teoría radical de la sexualidad", en C. Vance (comp.), *Placer y peligro: explorando la sexualidad femenina*, Madrid, Talasa, pp. 113-190.

SÁEZ, Javier (2004): *Teoría queer y psicoanálisis*, Madrid, Síntesis.

— (2020): "El peligroso lobby queer", en VV AA, *Transfeminismo o barbarie*, Madrid, Kaótica Libros, pp. 155-173.

SAID, Edward W. (1983): "Travelling Theories", *Raritan. A Quarterly Review*, 1 (3), pp. 41-67.

SÁNCHEZ SÁINZ, Mercedes (2019): *Pedagogías queer: ¿nos arriesgamos a hacer otra educación?*, Madrid, Los Libros de la Catarata.

SAXE, Facundo (2015): "Chicana, lesbiana y queer: Gloria Anzaldúa como pionera y precursora de la teoría queer", *Cuadernos de Literatura del Caribe e Hispanoamérica* (22), pp. 37-51.

SCHULMAN, Sarah (2021): *Let the Record Show: A Political History of ACT UP (New York, 1987-1993)*, Nueva York, Macmillan.

SEDGWICK, Eve K. (1990): *Epistemology of the Closet*, Berkeley, University of California Press.

SMITH, Barbara (1983): "Introduction" en *Home Girls: A Black Feminist Anthology*, Nueva York, Kitchen Table: Women of Color Press, pp. xix-lxii.

SOLÁ, Miriam (2013): "Pre-textos, con-textos y textos", en M. Solá y E. Urko (eds.), *Transfeminismos. Epistemes, fricciones y flujos*, Tafalla, Txalaparta, pp. 15-27.

SOLEY-BELTRÁN, Patricia y SABSAY, Leticia (2012): "Jugársela con el cuerpo. Entrevista con Judith Butler", en *Judith Butler en disputa. Lecturas sobre la performatividad*, Madrid, Egales, pp. 223-234.

SPIVAK, Gayatri (1987): *In Other Worlds. Essays in Cultural Politics*, Nueva York, Methuen.

STRYKER, Susan (2016): *Historia de lo trans. Las raíces de la revolución de hoy*, Madrid, Continta me tienes.

SUÁREZ BRIONES, Beatriz (2019): "Feminismos lesbianos queer: ¿utopía o distopía feminista?", *Revista de Investigaciones Feministas*, 10 (1), pp. 9-26.

TALBURT, Susan (2005): "Política de identidad, respuesta institucional y negociación cultural: significados de la creación de una oficina universitaria de gays y lesbianas", en S. Talburt y S. Steinberg (eds.), *Pensando queer: sexualidad, cultura y educación*, Barcelona, Graó, pp. 77-98.

TURCOTTE, Louise (2006): "Prólogo. Un cambio de perspectiva", en M. Wittig, *El pensamiento heterosexual y otros ensayos*, Madrid, Egales.

Trujillo, Gracia (2005): "Desde los márgenes. Prácticas y representaciones de los grupos queer en el Estado español", en Grupo de Trabajo Queer, *El eje del mal es heterosexual. Figuraciones, movimientos y prácticas feministas queer*, Madrid, Traficantes de Sueños, pp. 29-44.
— (2008): *Deseo y resistencia. Treinta años de movilización lesbiana en el Estado español*, Madrid, Egales, reeditado en 2021.
— (2011): "Del sujeto político la Mujer a la agencia de las (otras) mujeres: el impacto de la crítica queer en el feminismo del Estado español", en *Política y Sociedad*, 46 (1), pp. 159-170.
— (2013): "Y no, no somos mujeres. Legados e inspiraciones para los feminismos queer", en B. Suárez Briones (ed.), *Las lesbianas (no) somos mujeres. En torno a Monique Wittig*, Barcelona, Icaria, pp. 185-201.
— (2015): "Pensar desde otro lugar, pensar lo impensable. Hacia una pedagogía queer", *Educaçao e Pesquisa*, 41, pp. 1527-1540.
— (2016): "La protesta dentro de la protesta. Activismos queer y feministas en el 15-M", *Encrucijadas: Revista Crítica de Ciencias Sociales*, 12.
— (2019): "Neither new nor utopian (and yet worthwhile). Queer and feminist genealogies, conflicts and contributions inside Spain's 15-M movement", en C. Flesher Fominaya y R. Feenstra (eds.), *The Routledge Handbook of Contemporary European Social Movements*, Londres, Routledge, pp. 210-220.
Trujillo, Gracia y Berzosa, Alberto (eds.) (2019): *Fiestas, memorias y archivos. Política sexual disidente y resistencias cotidianas en España en los años 70*, Madrid, Brumaria.
Trujillo, Gracia y Santos, Ana Cristina (eds.) (2014): "'The first revolution is survival': Queer and Feminist Resistances to the Crisis and Austerity Politics in Southern Europe", *Lambda Nordica*, 2 (19), pp. 12-24.
Trujillo, Gracia y Pérez, Moira (2020): "Feminismos excluyentes: avance internacional y algunas respuestas posibles", *Pikara Magazine*: https://www.pikaramagazine.com/2020/12/feminismos-excluyentes-avance-internacional-algunas-respuestas-posibles
Vance, Carol S. (ed.) (1989): *Placer y peligro: explorando la sexualidad femenina*, Madrid, Talasa.
Vidarte, Paco (2021): *Por una política a caraperro. Placeres textuales para las disidencias sexuales*, Madrid, Traficantes de Sueños.
Vidarte, Paco y Llamas, Ricardo (1999): *Homografías*, Madrid, Espasa Calpe.
Viteri, María Amelia; Serrano, José Fernando y Vidal-Ortiz, Salvador (2011): "¿Cómo se piensa lo 'queer' en América Latina?", *Iconos: Revista de Ciencias Sociales*, 39, 15 (1), pp. 47-60.
VV AA (2004): *Otras inapropiables: feminismos desde las fronteras*, Madrid, Traficantes de Sueños.
VV AA (2020): *Transfeminismo o barbarie*, Madrid, Kaótica Libros.

WARNER, Michael (ed.) (1993): *Fear of a Queer Planet. Queer Politics and Social Theory*, University of Minnesota Press.

WEEKS, Jeffrey (1992): *El malestar de la sexualidad: significados, mitos y sexualidades modernas*, Madrid, Talasa.

WITTIG, Monique (2006): *El pensamiento heterosexual y otros ensayos*, Madrid, Egales.